核心素养视域下的
小学英语学科
实践活动课程设计与实施

闫赤兵 ◎ 著

外语教学与研究出版社
北京

图书在版编目（CIP）数据

核心素养视域下的小学英语学科实践活动课程设计与实施／闫赤兵著．－－
北京：外语教学与研究出版社，2020.6（2023.8 重印）
ISBN 978-7-5213-1602-5

I．①核… II．①闫… III．①英语课－课程设计－小学 IV．①G623.312

中国版本图书馆 CIP 数据核字（2020）第 039063 号

出 版 人　王　芳
策划编辑　刘秀玲
责任编辑　刘秀玲
责任校对　华　蕾
封面设计　李尘工作室
版式设计　王　春
出版发行　外语教学与研究出版社
社　　址　北京市西三环北路 19 号（100089）
网　　址　https://www.fltrp.com
印　　刷　天津市银博印刷集团有限公司
开　　本　710×1000　1/16
印　　张　13
版　　次　2020 年 5 月第 1 版　2023 年 8 月第 5 次印刷
书　　号　ISBN 978-7-5213-1602-5
定　　价　45.00 元

如有图书采购需求，图书内容或印刷装订等问题，侵权、盗版书籍等线索，请拨打以下电话或关注官方服务号：
客服电话：400 898 7008
官方服务号：微信搜索并关注公众号"外研社官方服务号"
外研社购书网址：https://fltrp.tmall.com

物料号：316020001

记载人类文明
沟通世界文化
www.fltrp.com
外研社

Preface
前言

　　信息时代的到来，加速了全球一体化进程，未来社会对人才培养提出了新的要求。世界各国都在通过课程改革优化课程内容，改进学习方式，提升育人品质。课程内容走向综合化成为各国在课程内容设计上一个显著的共同特征。

　　党的十九大明确提出："要全面贯彻党的教育方针，落实立德树人根本任务，发展素质教育，推进教育公平，培养德智体美全面发展的社会主义建设者和接班人。"小学英语课程是全面贯彻党的教育方针、落实立德树人根本任务、发展学生核心素养的基础文化课程。

　　2014年11月，北京市教育委员会制定了《北京市中小学英语学科教学改进意见》，其中第八条提出加强英语学习的开放性和实践性，将学科不低于10%的课时用于学生走进社会。2015年7月，北京市教育委员会颁布了《北京市实施教育部＜义务教育课程设置实验方案＞的课程计划（修订）》，明确提出各学科平均应有不低于10%的课时用于开设实践活动课程，并对此类课程提出了具体要求，如：各学科在内容上可以某一学科内容为主，开设学科实践活动，也可综合多个学科内容，开设跨学科综合实践活动。学科实践活动课程的开发和实施，要避免用学科教学内容简单替代，要突出实践性、探究性。

小学英语学科实践活动有效融合小学英语学科基础课程与活动课程，以小学生的亲身实践和直接经验作为英语课程的核心，以学生的兴趣和实际需求作为课程设计的根本依据。学科实践活动强调实践活动的内容要适应学生的个体差异，强调学习与实际生活的联系，注重学生的全身心体验和实际动手操作，着重培养学生的兴趣、个性和实践能力，在保留英语学科基础课程优势的前提下充分弥补学科基础课程资源的不足。

小学英语学科实践活动课程应时代需要而生，打破了学科课程一本教材独揽天下的课程形态，将更多的课程选择提供给教师和学生。同时，它解决了学科课程在实施过程中脱离学生实际生活的问题，进一步激发学生学习兴趣，培养学生综合语言运用能力，使学生在学习英语的过程中获得更多的愉快体验，为小学课程理论注入新的活力，为进一步拓宽学生英语学习渠道、丰富学习内容提供了保障。海淀区教师进修学校小学英语教研室带领一线优秀教师研发、设计了系列学科实践活动案例，本书收集了部分典型案例，为教师有效开展学科实践活动提供了参照。

学校在设计、实施校本学科实践活动课程时应考虑以下因素：

1. 要实现学科基本课程和活动课程的协同效应

英语学科基础课程是以课堂为中心的，学生以学习间接经验为主，强调书本知识，突出系统性、逻辑性。学科课程的学习有助于学习者获得系统的文化知识，也有助于组织教学与评价，便于提高教学效率。但学科课程容易忽视学生的需要、经验和生活，容易导致教学组织和教学方式的单一化。

学科实践活动是以社会为课堂，强调实践活动内容要与儿童的社会生活经验密切相连，儿童的经验、兴趣决定课程的内容和结构。学科实践活动课程还强调学习者当下的直接经验的价值，主张把学科知识转化为学生当下的经验，但实践活动课程容易忽略学科知识的学习，弱化思维能力和智力品质的发展。

可见，学科基础课程的优势正是实践活动课程缺失的，而学科基础课程的劣势正是实践活动课程的优势。因此，小学英语学科实践活动就是将学科与活动有机结合，直接经验和间接经验有效结合的过程，实现二者的协同效应。

2. 要符合小学生发展水平

学生是课程实施的主体，实践活动课程目标的制定、内容的确定以及活动方式的选择必须考虑学生的身心发展水平，这也是学科实践活动有效开展的前提。小学生还处在形象思维阶段，抽象思维相对较弱，高年级才开始向抽象思维过渡，因而小学生对学习的外部活动更感兴趣，外部有趣的因素更能够吸引他们的注意力。实践活动课程的设计者要充分认识到小学生形象思维发达的优势，设计形象、具体、直观的小学英语实践活动，以满足学生的探究愿望、体验乐趣。只有在生动活泼的活动中积极参与，小学生的身心才能得到有效发展，体验学习的快乐和成功，并养成主动、探究、合作的优秀品质。

3. 学科实践活动课程应注重活动的设计

学科实践活动课程要求将教学内容改造成符合小学生认识规律的语言学习活动，在此过程中以小学生的活动为主，让他们自己去探索、思考、运用，教师只起到组织和指导作用。在设计学科实践活动内容时，首先应以小学生的直接经验为主，坚持形式多样化。活动内容应该丰富多彩，贴近学生的现实生活，能够从变化的时空和活动的场景、内容、形式综合考虑活动的选择。从时空的角度来看，实践活动课程可以在课堂内或课堂以外的时间和地点进行，课堂内的活动可以是歌谣歌曲的演唱、简单诗文的欣赏、用英语讲故事、戏剧表演、主题演讲、主题设计等。课堂外的活动可以在校园进行，也可以在校外进行，如超市、科技馆、图书馆、博物馆及科技馆等。其次，学科实践活动要充分调动学生的多种感官。脑科学的最新研究表明：大脑获取信息唯一的途径就是感官知觉，即身体的五种感觉。建构信息的质量取决于大脑对事物之间各方面联系的组织和存储的好坏，以及学生的学习兴趣和先前的知识建构信息的质量，还取决于环境刺激的丰富程度。因此，教师在进行英语实践活动设计时，要适当增加学生的感官体验，丰富学生的学习经验。

4. 学科实践活动实施过程中要正确定位教师角色

虽然学科实践活动课程聚焦学生的主体活动与自主发展，强调学生的主体性和在课程实施中的主体地位。但教师作为组织者是不可缺少的。教师要创造一个有利于学生活动的环境，并为他们制定一些初步设计，对学生提出一些有价值的问题。教师不再是讲演者，只满足于现成的答案。教师应该是一个良好的辅导者，激起学生的学习愿望和创造力。

综上所述，小学英语学科实践活动的开展对丰富学科教育内容、拓宽学生学习渠道、提升学科育人质量起着重要的作用。英语教师要在新的教育变革中努力思考英语学科与其他学科的关联性，在学科融合的实践活动中，培养学生的审美、表达、想象、合作、实践及创新等未来社会发展所需要的核心素养。学校应该将课程建设与时代和社会发展、学生核心素养培养相结合，开启课堂内外、校内外的边界穿越，突出课程的综合性和实践性，对接学科核心能力培养，把研究性学习和实践体验活动进行有机结合，在探索融通资源、实践体验、自主研究的学科实践活动课程中不断探索，不断创新！

目 录

第四章 小学英语学科实践活动课程设计与实施案例

后 记

参考文献

第一章

核心素养的内涵

第一节
核心素养提出的背景

面对知识经济迅猛发展、科技进步日新月异的时代格局，我们需要思考：教育到底应该培养什么样的人？应该培养学生哪些关键核心素养，才能让今天的儿童健康成长，幸福生活，才能够使他们更好地融入未来社会？关注学生核心素养的培养与发展，就是关注"教育培养什么样的人"这一教育的根本问题。它不仅关系到国家、社会的发展，也关系着千千万万个家庭的未来。

一、迎接 21 世纪挑战：世界各国对核心素养研究形成共识

对核心素养的关注和研究与时代的发展、社会的变革密不可分。当今世界正处在全球化的进程中。全球化首先表现为经济的全球化，随之而来的是资源、技术、资本、资金的全球化流动，进而导致人才的全球化流动、竞争与合作。当前也是信息化的时代，信息通信技术迅猛发展，各国经济产业结构随之调整与变化。而所有这一切变革都在深刻影响着世界未来的格局。

在这样的时代背景下，新的人才观逐渐形成。当今社会对人才培养提出了新的要求。它要求教育应该致力于培养具有 21 世纪核心素养的人。经济合作与发展组织（简称经合组织，Organization for Economic Co-operation and Development, OECD）率先于 21 世纪初提出了核心素养的指标体系。此后，世界主要发达国家和地区，如美国、英国、芬兰等先后启动了基于核心素养的教育目标体系研究，希望能够遴选出符合自己国家或地区需求的核心素养指标，并进一步开发、完善以核心素养培养为核心的课程改革方案，全面提升本国或本地的教育质量。

二、核心素养是党的教育方针总体要求的具体化

党的十八大报告指出，"要坚持教育优先发展，全面贯彻党的教育方针，坚持教育为社会主义现代化建设服务、为人民服务，把立德树人作为教育的根本任务，培养德智体美全面发展的社会主义建设者和接班人。全面实施素质教育，深化教育领域综合改革，着力提高教育质量，培养学生社会责任感、创新精神、实践能力。"明确强调了教育的本质功能和真正价值，也指明了我国教育改革发展的目标和方向。

党的十八届三中全会要求，"全面贯彻党的教育方针，坚持立德树人，加强社会主义核心价值体系教育，完善中华优秀传统文化教育，形成爱学习、爱劳动、爱祖国活动的有效形式和长效机制，增强学生社会责任感、创新精神、实践能力。"

2014年3月，我国发布了《教育部关于全面深化课程改革 落实立德树人根本任务的意见》，明确提出十项着力推进关键领域和主要环节改革。其中，第一项就是研究制定学生发展核心素养体系和学业质量标准，并提出，"要根据学生的成长规律和社会对人才的需求，把对学生德智体美全面发展总体要求和社会主义核心价值观的有关内容具体化、细化，深入回答'培养什么人、怎样培养人'的问题。教育部将组织研究提出各学段学生发展核心素养体系，明确学生应具备的适应终身发展和社会发展需要的必备品格和关键能力，突出强调个人修养、社会关爱、家国情怀，更加注重自主发展、合作参与、创新实践。"这也是首次在国家课程改革的重要文件中明确使用"核心素养"一词，体现了以学生核心素养发展为本的教育改革思路，意味着党和国家把学生核心素养培养的问题提升到了一个前所未有的高度。

党的十九大报告提出，"要全面贯彻党的教育方针，落实立德树人根本任务，发展素质教育，推进教育公平，培养德智体美全面发展的社会主义建设者和接班人。"

为了落实党和国家对人才培养的要求，提升我国教育的国际竞争

力，顺应世界教育发展趋势，我国教育界的专家和学者研究并构建了符合中国国情与现实需要的学生发展核心素养体系。

三、核心素养是对素质教育内涵的具体解读

我国正在从人力资源大国向人力资源强国迈进，核心素养对于人才培养至关重要。核心素养的提出体现了"以学生发展为核心"的教育视角的变化，也是对素质教育内涵的具体解读，是全面深化教育改革的关键。

素质教育是相对于应试教育提出的。素质教育中的"素质"一词对应的主体是"教育"，主要是指人在先天的生理基础上，通过后天的环境影响和教育训练，所获得的内在的、相对稳定的、长期发挥作用的身心特征及其基本品质结构。"素养"是指在教育过程中逐渐形成的知识、能力、态度等方面的综合表现。"素养"对应的主体是"受教育者"，更强调学生素养发展的跨学科性和整合性（林崇德，2016）。

对核心素养的研究是提升我国基础教育国际竞争力的迫切需求，是落实国家中长期教育改革和发展规划的重要举措。核心素养体系是国家教育目标的具体体现，是连接宏观教育理念、培养目标及课程与教学目标的关键环节，也是构建科学的教育质量评价体系的重要基础和依据。

第二节
中国学生发展的核心素养与小学英语学科教学

一、中国学生发展的核心素养

（一）素养

20 世纪 90 年代以来，随着以 Google、Facebook、Twitter 等全球化网络信息科技为代表的"现代社会"及"后现代社会"的到来，传统的能力（ability）、技能（skill）、知能（literacy）等概念已经不再适应当今复杂多变和日益更新的信息时代的多元需求。人们对这些概念的内涵进行了扩展和更新，提出了同时包括"知识""能力"与"态度"的"素养"概念，并从"关键"或"核心"的角度加强了论证，提出"核心素养"（key competences）才是培养能自我实现并促进社会和谐发展的高素质公民与世界公民的基础。

1996—2003 年，联合国教科文组织提出"五大学习支柱"，对能力本位的人才培养观进行了反思和革新。2000 年的欧盟高峰会提出要从"终身学习"（Lifelong Learning）的角度，构建一套"关键能力"（key competences），即素养。与国际组织的观点一致，Jones 和 Voorhees（2002）等学者在研究中指出，素养是知识、技能、能力在相关工作领域与个体特质相互作用的结果，是个体学习经验的整合，并通过一定方式表现出来。在这一过程中，个体的特质属于最基础层面，个体特质通过与学习过程中已经习得的知识、技能和能力等认知成分的相互作用，形成一种整合的素养。内在的素养会通过一定方式表现出来，可以通过对这些表现的评价来评估素养。其模型具体如图 1-1 所示（Jones & Voorhees, 2002）。

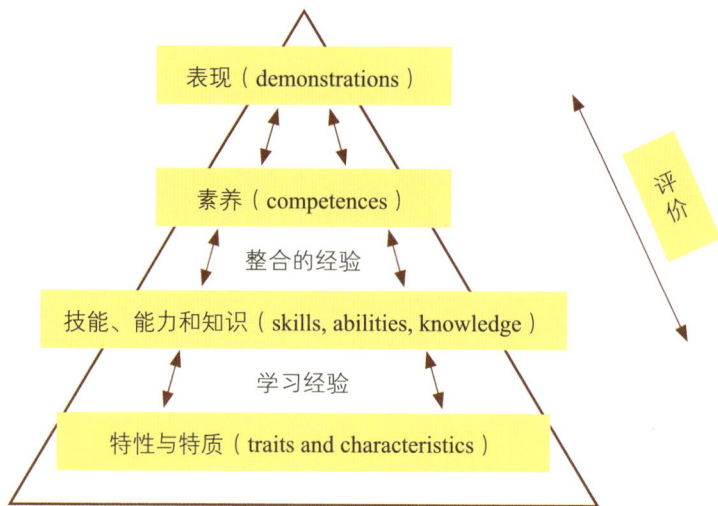

图 1-1 素养的形成与表现

（二）中国学生发展的核心素养

核心素养是必备的、重要的、不能被取代的、量少质精的关键少数，可以通过课程设计将学科知识与基本能力有效融合并加以精密组织及安排，是可学习、可教学、可评量的关键必要素养。核心素养可以促成各学科课程发展的统整性与连贯性。

习近平总书记在党的十九大报告中指出，"要全面贯彻党的教育方针，落实立德树人根本任务，发展素质教育，推进教育公平，培养德智体美全面发展的社会主义建设者和接班人。"立德树人根本任务的提出，明确强调了教育的本质功能和真正价值，从国家层面更加深入系统地思考和回答了"面向未来教育要培养什么样的人"的问题。

为落实这一根本性任务，由北京师范大学林崇德教授带领的研究团队于 2016 年提出了中国学生发展的核心素养，将核心素养内涵界定为："学生在接受相应学段的教育过程中，逐步形成的适应个人终身发展和社会发展需要的必备品格与关键能力，它是关于学生知识、技能、情感、态度、价值观等多方面要求的结合体；它指向过程，关注学生在其培养过程中的体悟，而非结果导向；同时，核心素养兼具稳定性、开放性与发展性，是一个伴随终身可持续发展，与时俱进的动态优化过程，是个体能够适应未来社会、促进终身学习、实现全面发展的基本保障。核心素养不仅能够促进个体发展，同时也有助于形成运行良好的社会。"

中国学生发展核心素养，以"全面发展的人"为核心，分为三个方面，包括：文化基础、自主发展和社会参与，综合表现为人文底蕴、科学精神、学会学习、健康生活、责任担当、实践创新六大素养，又具体细化为十八个基本要点（如图1-2所示）。发展学生核心素养以"全面发展的人"为根本出发点和最终归宿，是新时期教育的育人目标。中国学生发展核心素养的提出是教育工作者对教育目标、教育规律认识的进一步深化，是对学生健康成长与全面发展教育蓝图的系统规划。

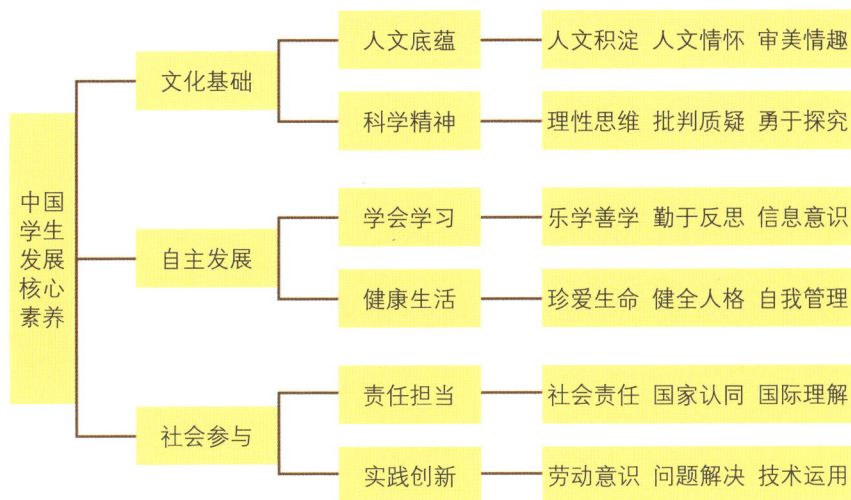

图1-2 中国学生发展核心素养

二、核心素养的培养对小学英语课程建设与实施的要求

（一）英语课程教学目标从能力培养转向素养发展

英语是当今世界广泛使用的国际通用语言，也是国际交流与合作

的重要沟通工具，是思想与文化的重要载体。英语学习有助于学习者发展英语语言能力，形成跨文化交流能力，为学习其他学科知识、汲取世界文化精华、传播中华文化奠定良好的基础。英语学习有利于学习者建立多元文化意识和人类命运共同体意识，形成开放、包容的态度，发展实践创新能力。学习和掌握英语是 21 世纪非英语国家公民的必备技能之一，英语教育要为培养社会所需人才做出实质性贡献。

《义务教育英语课程标准（2011 年版）》提出英语课程的总目标是：通过英语学习使学生形成初步的综合语言运用能力，促进心智发展，提高综合人文素养。综合语言运用能力的形成建立在语言技能、语言知识、情感态度、学习策略和文化意识等方面的整体发展的基础之上。

《普通高中英语课程标准（2017 年版）》提出英语课程的总目标是：全面贯彻党的教育方针，培育和践行社会主义核心价值观，落实立德树人根本任务，在义务教育的基础上，进一步促进学生英语学科核心素养的发展，培养具有中国情怀、国际视野和跨文化沟通能力的社会主义建设者和接班人。英语学科核心素养主要包括语言能力、文化意识、思维品质和学习能力。从综合语言运用能力到学科核心素养的培养，学科课程目标的变化，对学科课程建设提出了新的要求。学科课程内容与教学方式要有助于学生学科核心素养的培养与发展。

义务教育小学阶段英语课程是全面贯彻党的教育方针、落实立德树人根本任务、发展英语学科核心素养、培养社会主义建设者和接班人的基础文化课程。高中阶段学科核心素养的培养目标对义教阶段英语教育具有深刻影响。小学阶段英语教育目标也应从能力培养转向素养发展，使英语学习为学生的终身发展奠定基础。

（二）课程改革的深入推进对课程建设提出更高的要求

党的十八大报告提出，教育的根本任务是立德树人。十九大再次强调，"要全面贯彻党的教育方针，落实立德树人根本任务，发展素质教育，推进教育公平，培养德智体美全面发展的社会主义建设者和接班人。"《教育部关于全面深化课程改革 落实立德树人根本任务的意见》提出，"立德树人是发展中国特色社会主义教育事业的核心所在，是培养德智体美全面发展的社会主义建设者和接班人的本质要求。课程是教育思想、教育目标和教育内容的主要载体，集中体现国家意志和社会主义核心价值观，是学校教育教学活动的基本依据，直接影响人才培养质量。"

在我国新一轮基础教育课程改革中，2001 年 5 月发布的《国务院关于基础教育改革与发展的决定》规定中小学设置"综合实践活动"，《基础教育课程改革纲要 (试行)》更加明确地将"综合实践活动"规定为小学到高中的必修课。"综合实践活动"作为活动课程的一种特殊发展形态备受关注，其内容主要包括：信息技术教育、研究性学习、社区服务与社会实践以及劳动与技术教育。综合实践活动课程的开设在课程改革初期对培养学生的实践、创新能力起到了积极的促进作用。

然而随着课程改革不断向纵深发展，仅靠"综合实践活动"课程已经不能满足学生核心素养的全面提升。学科课程需要进一步走向综合，小学英语课程要在培养学生综合语言运用能力的同时关注并着力培养学生的核心素养。长期以来，小学英语学科一直存在一个瓶颈：受学生英语语言能力的制约，小学英语的教学内容明显滞后于学生实际认知发展，加之教学方式过于机械，导致部分学生对英语学习兴趣不高，影响了学习的效果和质量。

站在核心素养这一培养目标的视角思考小学英语教学，我们认识到，未来的小学英语教学将从"能力导向"转向"素养导向"，语言学习不再是唯一的目标，而是基于语言材料的学习，帮助学生开阔视野，从更丰富的视角认识、了解多彩的世界，学科教学内容需要与学生的现实生活更加紧密地结合，让学生更深刻地体会外语学习的意义与价值。

（三）小学英语学科教学理念的变化呼唤新的学习方式

小学生英语学习方式也将伴随英语课程目标的调整与内容的优化发生深刻的变革，从早期的以模仿、记忆为主转向多种学习方式并存，更多体现"做中学"的理念。语言课程本身也是综合的课程，语言学习过程也是学生开阔视野、培养能力、提升素养的过程。英语学科教师需要结合学科内容，创设更多学生实践的空间，引导学生在语境中运用语言，提升综合语言运用能力，发展核心素养，成为有社会责任感的公民。英语学科实践活动的实施是促进新形势下人才培养模式转变，落实核心素养发展目标的重要途径。

（四）教师角色的变化：教材的执行者——课程设计与实施者

学校是教育发生的地方，课程是学校教育的载体。我们知道，学校教育对儿童一生产生着巨大且深远的影响，而学校育人功能的实现又高度依赖于课程。然而，长期以来，作为最了解学生需求的学校和教师没有足够的机会和权利参与课程决策，教师成了教材的被动执行者，教育成了传授和训练，教师缺乏足够的专业自主权。要解决这一问题，就有必要给学校和教师适度授权，给他们留下一定的空间自由发挥，基于学生成长的需要，在国家课程的基础上设计校本课程。因此，课程对学生的适切性、学校自主发展的迫切性以及教师赋权增能的必要性催生了国家课程校本化实施的议题。

第二章

小学英语学科实践活动课程设计理论借鉴

第一节
课程与课程设计趋势

一、课程的内涵及历史演变

"课程"一词在我国最早出现于唐宋时期。宋代朱熹在《朱子全书·论学》中多次提到课程,如:"宽着期限,紧着课程""小立课程,大作功夫"等(辞海,1979)。这里的"课程"主要是指学习内容的顺序安排与规定,并没有提及教学要求。近代,班级授课制的广泛施行和赫尔巴特(Johann Friedrich Herbart)学派"五段教学法"(赫尔巴特,2015)的提出,促使人们开始关注教学的程序及设计。

在英语中,"课程"(curriculum)一词最早出现在英国教育家斯宾塞(Herbert Spencer)《什么知识最有价值?》(What knowledge is of most worth?)一文中(斯宾塞,2005)。它是从拉丁语"currere"一词衍生而来,意为"跑道"(racecourse)。

教育界的专家学者对课程概念做出了不同的界定和描述,其中最具代表性的主要有以下三类:

- 课程是学科知识的总和。这也是教师对课程的普遍认识和理解。
- 课程是一种学习计划或方案。持这种观点的学者认为课程是学校根据一定的教育目标提出的,主张把课程当作学生受教育的计划,包括教学目标、教学内容和学习活动。
- 课程是经验。持这一观点的学者认为只有在活动中亲自实践与体验,学生才能从中学到以前没有学过的内容,收获经验。他们认为课程是"在学校领导下,学生所经历的全部经验"。最早使用"经验"一词的人是美国教育家杜威(John Dewey)。

以上三种对课程的认识是随着社会的变迁与发展先后演变而成的。

最初，在知识高于人的时代，知识是至高无上的，课程的任务就是要使学生掌握尽可能多的知识。进入第二阶段，知识的地位有所下降，学校教育的目标更加强调教师对学生未来发展的规划和设计。教育过程虽然开始关注到人的作用，但其重点还在社会和教育者的意愿，学习者的需求及其在学习过程中的作用还没有得到应有的关注。到第三个阶段，课程的核心关注点已经转向学习者，即学生。人们更多关注到学习者在学习中的情感、经验和参与的过程。

通过探讨"课程"这一概念的演变过程，我们可以看到，伴随社会的发展，人们的知识观、人才观以及教育目标也在不断发展和演变。课程内涵的发展变化在世界范围内呈现出以下基本趋势：

（一）从强调学科内容到强调学习者的经验和体验；

（二）从强调目标和计划到强调学习过程本身的价值与意义；

（三）从强调教材到强调教师、学生、环境、资源等因素的整合；

（四）从强调显性课程到强调显性课程与隐性课程并重；

（五）从强调单一学科课程到强调学科间的课程整合。

基于这样的课程背景，当今课程的内涵更加丰富了：课程不只是教材的化身或知识的载体，还包括各种情感体验；课程不仅指一套完整的教学计划和备课方案等看得见、摸得着的具体内容，也包括教育教学过程中学习者的体验和经验。教师、学习者、环境、学习过程等作为课程资源在课程中是同时存在的。

课程的力量是强大的，它是引领学生通向未来幸福生活的教育路径。近几年，随着基础教育课程改革逐步向纵深发展，课程内容领域的研究成为热点研究领域。一所学校当下课程的内容与结构设计将影响并决定学生未来的知识结构体系和素养发展。学校的课程格局，也会决定未来社会的发展格局。站在课程的视角，教师需要转换自身角色，即从课程的执行者转向课程的设计者与实施者，深入研究学科的育人价值，并在此基础上创建学校整体课程，通过课程的设计与实施，促进学生核心素养的全面提升，为未来社会发展奠定坚实的人才基础。

那么，课程与教学是什么关系呢？课程与教学是不可分割的两面，课程强调的是教什么，教学强调的是怎么教，二者都很重要。课程内容往往影响教学方法的选择；教材是课程内容呈现的主要载体。

二、学科课程从单一走向综合化

在教育发展的进程中，课程的改革和演进一直扮演着非常重要的推动角色。而在课程改革领域的研究中，课程的综合化越来越受到人们的重视，"课程综合化""课程整合""融合课程""跨学科"等词语越来越频繁地出现。"课程综合化"正成为课程研究和课程改革的一个基本方向。

"课程综合化"一词源于英语"Curriculum Integration"，也可译为"课程一体化""课程统整""课程整合"等。课程综合化包括课程目标的综合化、课程形态的综合化和课程学习方式的综合化三个方面。课程综合化不仅是课程结构的综合，也是课程内容的综合；不仅是学生知识结构的综合，也是其思维结构、价值观念的综合。有学者提出课程综合化就是一种课程设计理念，这种课程理念下设计的课程更强调各个学科之间的联系和融合。总的来说，课程综合化是基础教育发展的大趋势，它不仅是各门学科的综合，更关注学科间的内在联系和学生思维、价值观的综合。

学校课程主要受学生发展需求和社会发展需求的影响和制约。课程综合化之所以成为世界课程改革的重要走向，主要是因为综合化课程在反映学生发展需要和社会需求及其相互关系方面具备分科课程无法取代的优势。

（一）课程综合化反映学生发展的需要

小学生的认知特点是以整体和形象思维为主，小学阶段是形成完整知识结构的重要阶段。目前，我国小学课程科目较多，内容重复交叉；过于注重单科教学，忽略整体性和知识之间的内在联系。在小学阶段进行过于精细的分科教学，不利于学生形成完整的知识结构，更不利于学生综合能力的培养及素养的发展。

因此，在学校开设综合化的课程是学生认知发展的客观需要。把学生在学校中所学的知识在内容和形式上进行一定程度的融合，有利于学生更快地把学习的知识纳入自己的认知结构。综合化的课程，可以帮助学生在真实的生活情境中，体验问题解决的完整过程，有利于学生进行知识和思维的相互迁移，提高综合运用各科知识解决问题的能力，培养实践创新能力。综合化的课程将知识、能力与情感态度的发展有机融合，促进学生的全面发展。

（二）课程综合化反映社会进步的需求

一方面，随着现代科学技术的高速发展，学科内部的知识分化愈发精细。而另一方面，学科之间的交叉关系也不断加强。当代科技发展的特征之一就是既高度分化又高度综合并以高度综合为主的整体化趋势。

人们逐渐发现，仅仅利用个别学科的知识很难解决当今社会所面临的种种复杂问题，过去彼此孤立的知识和局部视野有时甚至会阻碍对问题本质的正确理解和问题的有效解决，例如环境问题、人口问题和城市发展等问题。另外，一些与人类社会生存与发展紧密关联的科学思想和理论渗入生活的各个领域并成为对现代公民素质的基本要求。这些思想和理论是涉及生活各方面的综合性内容，很难通过一个学科的教学进行传播。学校教育要培养具有现代公民素养，能解决社会现实问题的实践创新型人才，仅靠传统的几门孤立的分科教学是难以实现的。

学校课程只通过对原有分科课程做一些细节的调整是不够的。要反映科技发展的新方向、新成果，就需要纳入一些重要的综合性知识，而这就必然使学科教学走向综合化。近年来，教育界对学科知识的整合、课程设置整体化的呼声越来越强烈。新一轮课程改革也规定中小学课程必须体现课程综合化，尤其是小学阶段要以综合课程为主。课程综合化是我国基础教育课程改革的需要。

综上，课程走向综合化是协调学生发展、社会进步及课程三者之间关系的重要途径。学校教育的重要目标之一是促进学生个性的全面发展，学生的发展是综合性的，课程综合化有助于学生更快适应未来社会的复杂环境，为促进社会的发展贡献力量并实现自我价值。

第二节
有关课程的经典理论

课程概念虽然历史悠久，但是作为一个独立的学科从教育领域分离开还是 20 世纪初的事情。以下列举几种关于课程的经典理论，以便读者学习了解课程理论的发展及其演变的过程。

一、博比特、查特斯的活动分析法

1918 年，美国著名教育学家博比特（John Franklin Bobbitt）出版著作《课程》（*The Curriculum*），1923 年查特斯（W. W. Charters）出版《课程编制》（*Curriculum Construction*），标志着课程研究成为独立的研究领域（万伟，2017）。博比特在课程开发上，提出了著名的"活动分析法"，共分为五个步骤：

第一步：内容提炼。从人类社会生活所涉及的全部内容提炼出主要活动领域，如语言活动、健康活动、休闲娱乐活动、公民活动、一般社交活动、维持个人心理健康的活动、宗教活动、亲子活动、非职业性的实际活动、个人职业活动。

第二步：工作分析。深入主要活动领域进一步分析、提炼所包含的具体活动。首先将各领域包含的几个大的活动单位找出来，其次将大的活动单位再分解为小的活动单位，以此依次分解，直到发现受教育者可以完成的特殊活动行为为止。

第三步：目标推导。对各种具体活动所需要的能力进行描述，形成目标，包括知识、技能、习惯、价值、态度、鉴赏力等多种要素。

第四步：选择目标。从上述步骤中得出与学校教育相关的而且能达成的目标，以此作为课程计划的基础和行为指南。

第五步：制订详细计划，也就是为目标的达成设计系列活动。

二、课程之父拉尔夫·泰勒与泰勒原理

拉尔夫·泰勒（Ralph W. Tyler）于 1949 年出版了《课程与教学的基本原理》（*Basic Principles of Curriculum and Instruction*），该著作被称为"现代课程理论的圣经"。

泰勒提出了四个经典问题：学校应该试图达到什么样的教育目标？提供什么样的教育经验最有可能达成这些目标？怎样有效组织这些教育经验？我们如何确定这些目标正在得以实现？这四个问题虽然简洁，却涉及有关课程与教学的核心问题，即教育目标、教学内容、教学设计与教学评价，这为后来的学者提供了有关课程研究的经典范式。

泰勒强调课程开发作为一个系统的整体工程，其各个构成环节之间有内在的顺序性，并强调了课程目标与课程内容、课程实施、课程评价之间的一致性和相互作用。泰勒原理最大的优势就是逻辑的清晰性和行动的易操作性。他提出的四个问题看似简单，却是课程设计开发中的关键问题。

三、布鲁纳结构主义课程观

布鲁纳（Jerome S. Bruner）1960 年出版的《教育过程》（*The Process of Education*）一书被西方教育界称为"划时代的著作"。布鲁纳结构主义课程观主要有以下几个观点：

（一）关于学科基本结构

每个知识性的学科都有一个结构，这个结构呈现了有关事物的潜在的简约性。要辨析清楚知识中的最简单结构，需要的是最深刻的思维。布鲁纳谈到，无论哪个学科的教学，务必使学生理解该学科的基本结构。他提到的学科基本结构就是学科的基本概念和内在的规律性。掌握结构可以使学生更容易理解，有助于记忆、迁移。

（二）关于螺旋式课程

教育者呈现给儿童的任何学科的基本结构应符合儿童成长规律，体现知识的层次性和连贯性。

（三）关于内在动机

布鲁纳强调，教学活动要使学生避免受到外在奖赏的直接控制，外部强化要适当，并促使外部强化向内部强化转变，使学生养成主动、自发学习的态度。

（四）关于发现学习

布鲁纳提出，发现学习是获得知识的最佳方法。发现学习有助于开发学习者的潜力，促进人的直觉思维的发展，有助于记忆的保持，有助于引起学习的内在动机和自信心。只有发现的知识才是真正属于个人的，才是自己的内在财富。

四、斯滕豪斯与"过程模式"课程理论

劳伦斯·斯滕豪斯（Lawrence Stenhouse）是英国著名的课程理论家。他在 1975 年出版的代表作《课程研究与编制导论》（*An Introduction to Curriculum Research and Development*）中，提出了著名的课程规划"过程模式"。

"过程模式"是针对泰勒的"目标模式"提出的。斯滕豪斯认为，编制课程不是仅编写一套课程"计划"，然后去实施和评价效果。课程的研究与开发应该是一个动态的、持续发展的过程。他认为，知识不是需要学生接受的现成的东西，而是需要学生思考的对象；它不能被当作必须达成的目标来束缚人，教育要通过促使人思考知识来解放人，使人变得更自由。"过程模式"的运用对教师提出了更高的要求：教师是研究者。这印证了我国新课程改革对教师角色要求的变化——教师既是课程的实施者，也应是课程的设计者，教师要有课程意识与课程能力。

五、派纳与"课程"概念的重建

20 世纪 50 年代，"泰勒原理"的影响力削弱，众多新的课程理论流派涌现出来，其中影响最大的是"现象 - 诠释学"课程理论，该理论代表人物之一是派纳（William F. Pinar），他的著作《理解课程》（*Understanding Curriculum*）被誉为"当代课程理论的圣经"。

派纳对传统的"知识课程观"进行了重塑。将"课程"（curriculum）一词回溯到该词的拉丁文词根"currere"上来。从词源学来讲，作为名词的"curriculum"原始意义是"跑道"（race course）。在这里，课程是静态的、预设的。但是作为动词的"currere"（跑）却有着截然不同的内涵。它关注的是跑的动态过程与奔跑时主体产生的体验。

派纳认为，当今课程的弊端在于对自我意识的压抑和对个性的扭曲，概念重建后的课程要促使个体对生活体验进行解释与反思，最终将其主体性解放出来。课程内容应该关注学生在生活世界中的体验和生活经验。课程实施应从学习者的立场出发，为学习者提供充分自由表达、主动探究和生成体验的权利和空间。

派纳对课程的重新定义，一方面模糊了课程的边界，大大拓展了课程内涵，另一方面也激发了课程研究的活力，让我们对"课程"概念的理解更加丰富，更具"温度"。

六、多尔与后现代主义课程观

小威廉姆 E. 多尔（William E. Doll, Jr.）（2015）是美国后现代课程观的主要代表人物。多尔在其代表作《后现代课程观》（*A Post-Modern Perspective on Curriculum*）提出了他对课程建构的理想，即"没有人拥有真理，而每个人都有权利要求被理解"。多尔认为课程目标是丰富多变的、不断生成的。课程内容要有多种可能性或多重解释，要有"适量"的不确定性、异常性、模糊性。教学过程应强调参与、会话、反思与转变，"会话"是多尔课程的核心。多尔提出了后现代课程设计的"4R"标准，即 rich（丰富性）、recursive（回归性）、relational（关联性）和 rigorous（严密性）。

小结

从博比特、查特斯时代将课程作为一个独立的研究领域到多尔的后现代课程观，可以看出人们对课程的理解和认识在不断发生变化。从一开始关注具体的知识和学科的基本结构，逐渐转向关注人的主体作用，关注教师、学生在课程中的角色和地位，再到后来更多关注学习者的感受与体验、学习者需求的多样化。这种变化是与社会发展、科技进步以及心理学、哲学等相关学科的研究紧密关联的。

需要强调的是，科技进步与人的发展并不是截然对立的，社会的不断发展需要科学技术的不断进步，以更好地为人类服务。学校在进行学科实践活动课程建设中，需要创造性地将上述理论进行融合并加以灵活运用，进行课程的设计与实施，充分发挥课程对学习者发展的促进作用。

我国第八次课程改革在融合了上述各家课程理论的基础上，提出了符合现阶段中国社会发展需求、具备中国特色的课程理念。比如，将课程目标指向完整人格的培养，重视现实生活，把学习者培养成能够适应未来"可能生活"的主体。在课程内容上，强调回归生活世界，扭转"知识本位""学科本位"的课程观，强调学生对课程的主动建构、反思与生成，力图改变过去"人被课程奴役""人是知识的容器"的异化状态。

第三节
活动课程

一、活动课程的概念

　　我国的活动课程这一概念从最初的课外活动逐渐演变而来，经过发展和升华成为活动课程。目前，国内教育界人士普遍认为我国目前所提出的活动课程来源于两条线索：一是以杜威为代表的活动课程思想，二是 20 世纪 80 年代以来的课外活动实验研究。

　　什么是活动课程？一些学者从学生主体性活动的视角给予了界定：

　　王策三（1985:174）提出"活动课程是一系列的儿童自己组织的活动，儿童通过活动学习，获得经验，解决问题，锻炼能力。"

　　刘克兰（1988:124）认为的活动课程是指"以儿童的生活活动为课程内容，以儿童的兴趣、需要和能力为编制课程的出发点，由儿童通过自己组织一系列的活动进行学习，取得经验，掌握解决实际生活问题的知识，培养兴趣、能力和各种品质。"

　　钟启泉（2003）认为"经验课程与以传统学科为中心、依据科学和学科的逻辑性编订的学科课程不同，它是以儿童主体性活动的经验为中心组织的课程，也叫'生活课程''活动课程''儿童中心课程'。"

　　李臣之（2003）提出"活动课程是指为指导学生主要获得直接经验和即时信息而设计的一系列以教育性交往为中介的学生主体性活动及方式。"

　　上述对活动课程概念的界定共同强调活动课程以学生为中心，以学生的直接体验和经验为核心特征。

二、活动课程的发展历程

活动课程这一基本思想由来已久，大致可追溯到柏拉图（Plato）和卢梭（Rousseau）时代。古希腊著名哲学家柏拉图的"儿童游戏场"，强调给儿童讲故事、做游戏，通过音乐、歌唱等活动方式调动儿童积极主动的参与意识，对儿童进行道德教育。这通常被看作活动课程的最初萌芽。18世纪法国启蒙主义教育家卢梭，非常注重"直接经验"，强调"世界以外无书籍，事实以外无教材"，倡导"自然教育"，主张适应自然的、新的教育模式，实际上已蕴含了"活动课程"的基本思想。

活动课程的逐渐形成，相对来说是近代的产物，它真正出现是在19世纪末美国教育家杜威建立的芝加哥大学附属实验学校（University of Chicago Laboratory Schools）（乔伊·帕尔默，2008）。它掀起了20世纪20年代至30年代的美国课程改革的热潮，对战后许多国家教育课程的重新构建和发展产生了巨大影响。

从古希腊柏拉图的"儿童游戏场"到卢梭的"自然教育"再到杜威的活动课程，活动课程也经历了由最初的萌芽状态，到活动教育基本思想的形成，再到活动课程的正式形成。

但是，以杜威为代表的进步教育派所提出的活动课程理论过分强调儿童经验的重要性，并把活动课程与学科课程完全对立起来，就使活动课程的学习陷入了零散、肤浅的生活经验的积累，忽视了知识的系统性。随着20世纪50年代末美国教育界逐渐强调系统知识的学习，重视基础学科，活动课程的理论研究与实践陷入低谷。

20世纪70年代以后，随着信息社会的发展以及人们对未来社会人才培养目标的确立，教育者开始重新审视活动课程的价值和意义。人们认识到，全面提高人的素质和能力仅靠系统学习基础知识是难以实现的，只有将儿童的系统学习与活动学习、直接经验体验相结合，才能促进学生身心健康发展。

近代布鲁纳的"发现学习"理论（布鲁纳，1982）、加德纳（Howard

Gardner）的多元智力理论（加德纳，2017）和皮亚杰（Jean Piaget）的认知发展理论（皮亚杰，2018）更加强有力地强化了活动课程的发展趋势，加强活动课程成为 21 世纪教育的主导潮流。许多发达国家和地区都积极调整各自的课程结构，设置活动实践类课程，所涉领域的课题包括主题探究或课题研究、社会实践学习和生活学习三方面，比如美国的自然与社会研究、设计学习、社会参与性学习，德国的"自由学习"，英国的社会研究和设计学习，法国有指导的学生个人实践活动，日本的"特别活动"和"综合学习时间"（钟启泉、崔允漷、张华，2001）等。

发达国家重视通过增设综合性、实践性的活动课程培养学生的综合能力，满足社会发展对人才综合素质的需求；注重改变学生机械、单一的学习方式，加强学生对自然世界的理解，密切学生与社会生活的联系。他国的相关做法对我国活动课程发展产生了积极的影响，为我国活动课程的设置与实施提供了有益的借鉴。

三、活动课程与学科基础课程关系研究

关于活动课程与学科基础课程的关系，我国学者有三类不同的认识：

（一）主辅（主次）关系

以学科基础课程为主，活动课程为辅，活动课程是学科基础课程的延续和补充。

（二）并重关系

充分肯定活动课程在学校教学中的地位和作用，认为活动课程和学科基础课程是两个并重的育人渠道。

（三）分工关系

学科基础课程为全面发展打基础，活动课程培养学生的特长。

上述三种观点都有其合理性，都认同活动课程在教育中的意义与价值，但都有些偏颇。我们应该认识到，在当今强调学生核心素养发展的背景下，活动课程是学校课程的重要组成部分。学科基础课程和活动课程在课时比重上有多少之分，但在育人功能上无主次、主辅之分，二者缺一不可。活动课程是一种新型课程，既然是属于课程的范畴，就有课程目标、课程实施内容、课程实施途径和实施原则、课程评价等课程要素。活动课程在活动内容上与学科教学中的活动不同，其内容更加丰富，学生主体地位更加凸显，育人功能更加全面。学科实践活动与学科基础课程是相辅相成、相得益彰的关系，都为学生的全面发展打基础。活动课程对学科基础课程的改革起着积极的促进作用。

四、学科实践活动课程

（一）学科实践活动课程的内涵

学科实践活动课程是指以学科内容为教学的基本依据，以学生的主体活动为教学的主要形式，以鼓励学生主动参与、主动实践、主动思考、主动探究为基本特征，以实现学生多方面能力综合发展为核心，以促进学生素养全面提高为目的的课程形态。学科实践活动课程是一种融合课程，它既可以以学科课程为基础融入大量跨学科活动，也可以以活动为依托融入多学科内容。

（二）学科实践活动课程与几个概念的辨析

（1）学科实践活动课程与课外活动

一般认为，课外活动是活动课程的前身，那么课外活动自然也是学科实践活动课程的前身，学科实践活动课程是课外活动发展和升华的固化。虽然二者都有利于学生的全面发展，但二者不是一个等同的概念，有着本质的区别。

首先，学科实践活动课程与课外活动在学校中的地位不同。学科实践活动课程属于课程的范畴，具有课程的构成要素；而课外活动仅属于活动。其次，二者的具体要求不同。学科实践活动课程是有目的、有计划、成系统的课程，能够根据学生的身心发展规律对其内容、时间、程度进行科学安排，并设有相应的评价环节；而课外活动并无这些要求。第三，二者的育人功能有差别。学科实践活动课程能够更大限度地发挥整体的课程育人功能；而课外活动的效能比学科实践活动要小。

（2）学科实践活动课程与综合实践活动课程

综合实践活动课程是以学生的直接经验或体验为基础而开发和实施的，是对学科逻辑体系的超越。综合实践活动课程的确是活动课程理论的发展和实践的深化，是对活动课程实践的继承、发展、规范和整合。《基础教育课程改革纲要（试行）》规定："从小学至高中设置综合实践活动并作为必修课，其内容主要包括：信息技术教育、研究性学习、社区服务与社会实践以及劳动与技术教育。强调学生通过实践，增强探究和创新意识，学习科学研究的方法，发展综合运用知识的能力。增进学校与社会的密切联系，培养学生的社会责任感。"

学科实践活动课程同综合实践活动课程最大的区别就在于学科实践活动课程是以本学科课程为背景，将教学建立在本学科课程的基础之上，以学科内容为教学的基本依据，以鼓励学生主动参与、主动实践、主动思考、主动探究为基本特征，以实现学生多方面能力综合发展为核心，以促进学生整体素质全面提高为目的。学科实践活动课程中的活动是为了更好地掌握学科中脱离实践的间接经验与相关技能，并在这个掌握的过程中体验相应的情感与可行的方法，形成正确的人生观、世界观和价值观。同时，学科实践活动课程克服了学科课程与活动课程各自的劣势，将二者的优势有效结合起来。

第三章

小学英语学科实践活动课程
设计与实施

第一节
英语学科实践活动课程的内涵

一、英语学科实践活动课程的概念

英语学科实践活动课程（以下简称"英语学科实践活动"）是指基于一定的课程目标，以英语学科为背景，以学生的兴趣和直接经验为基础，以与学生学习生活和社会生活密切相关的各类现实性、综合性、实践性问题为内容，以研究性学习和体验式学习为主导学习方式，以培养学生的创新精神、实践能力及学科核心素养为主要目的的一类新型课程。英语学科实践活动可以是基于英语学习的展示类活动，如英语歌曲演唱、英文演讲、英语戏剧等；也可以是以英语为媒介，进行跨学科实践和拓展的探究活动。

这里所界定的"英语学科实践活动"需要强调以下几点：

第一，笔者界定的"英语学科实践活动"与《基础教育课程改革纲要（试行）》规定的"综合实践活动课程"是有区别的。

前者的界定虽是以后者为理论依据，但它仍属于英语课程范畴，是英语课堂的拓展和延伸，是英语课程的有机组成部分，对英语课程的实施、学生综合素养的发展起着重要作用。

综合实践活动课程是在教师引导下，学生自主进行的综合性学习活动，是基于学生经验、密切联系学生自身生活和社会实际，体现对知识的综合应用的实践性课程，它包括研究性学习、社区服务与社会实践、劳动与技术教育等，并渗透信息技术教育。

第二，英语学科实践活动具有跨时空特征。

我们知道，英语学科课程通常是指以英语教学大纲为依据，以统一的英语教材为主要教学内容，以班级授课制为主要教学形式，学习进度同步的英语学科教学活动，一般在课堂内（相对固定的场所和规定的时间内）进行，由英语教师组织、指导并主讲，对学生的学习认知活动采用结构性评价方式，侧重考查学生学习的结果。

虽然英语学科实践活动与英语学科课程在总体上都服从于整体的课程目标，二者都是学校课程结构中不可缺少的要素，但在具体的目的、编排、教学方式和评价方式上，二者的区别十分显著。英语学科实践活动根据内容需要，实施时会打破四十分钟一课时的局限，由教室内延伸到教室以外（包括公共图书馆、博物馆、展览馆、科技馆、有关政府部门、野外、学生活动中心、社区等场所）。

第三，英语学科实践活动与英语课堂教学有着协调、统一的关系。

英语学科实践活动是以英语学科内容为教学的基本依据，不受形式、时空的限制，鼓励学生主动参与、主动实践、主动思考、主动探究，以培养学生对英语的兴趣爱好和英语综合运用能力为主要目的，以实现学生英语语言能力综合发展为核心，以学生的主动实践活动为内容，教师提供必要的活动条件和必要的指导，采用过程评价，侧重考查学生英语学习过程的课程形态。

从英语学习方面讲，实践活动课程内容丰富、形式多样，与现代生活、社会发展联系密切，为学生巩固、深化、灵活运用知识与技能，搭设了实践的平台，为学生课堂学习提供了丰富的感性素材的积累，为学生认识自我、认识社会、认识自然奠定基础。从新课程改革的视角看，英语学科实践活动要求学生在现实生活中动手、动脑、实践、创造，从而在"实践"和"探究"中，使学生巩固了学习方法，增强了探究、创新的意识，发展了学生核心素养。

另外，英语学科实践活动与英语课堂教学有密切的联系，但又不完全受课程标准的限制。学科实践活动课程面向全体学生，并非要求每个学生从事一样的活动，它从各方面向学生提供学习、实践、创造的机会，有助于激发学生的兴趣爱好，培养学生团结协作、进取向上的品质。英语学科实践活动是对英语学科育人要求的积极回应，也是落实培养学生核心素养的具体途径。

从笔者文献检索到的资料来看，对于英语学科实践活动课程的研究和探讨大多集中在初中、高中以及职业类的中高等学校。有关小学英语学科实践活动的研究，关注点多在英语教学方法或者英语活动方式上，对于小学英语学科实践活动课程本身的涉猎较少。

二、小学英语学科实践活动课程的意义与价值

小学英语学科课程具有逻辑清晰、内容简约、技能突出等优势。但长期以来英语教材内容以语言知识的传授、技能的发展为教材设计主线，与儿童真实生活世界的关联性不够，对学生实践能力与创新能力的培养体现不足。

小学英语学科实践活动课程有效融合英语学科课程与活动课程，以小学生的亲身实践和直接经验为中心，以学生的兴趣和需求作为课程设计的根本依据，强调适应学生的个性化学习需求，强调语言学习与现实生活的联系，注重学生的全身心体验和动手实际操作，着重培养学生的兴趣、个性、实践和创新能力，在保留英语学科课程优势的前提下充分弥补英语学科课堂教学的不足。

英语学科实践活动课程是应时代需要而生的一种课程编制（生成）模式，它打破了学科课程独揽天下的课程形态，超越了传统的课程教学制度（学科—课堂—评分）的束缚，将更多的课程选择提供给教师和学生，使学生置身于真实的、现实的（以至虚拟的）学习环境之中，综合地习得现实社会及未来世界所需要的种种知识、能力及态度，解决了学科课程在实施过程中与实际生活脱节的问题。英语学科实践活动能进一步激发学生的学习兴趣，全方位促进学生核心素养的发展，使学生在学习英语的过程中获得更多的愉悦体验，为小学课程理论注入新的活力。

实践活动课程的趣味性、综合性和实践性等优势弥补了学科课程的弊端，学科课程的系统性、简约性、高效性等特性正是实践活动课程缺乏的。若将二者有机结合，即在学科课程的基础上补充、增加实践活动课程，不仅能够发挥两种课程的优势，而且弥补了各自的缺陷。

三、小学英语学科实践活动课程实施中的成绩和问题

笔者工作所在区域是国家基础教育课程改革实验区。近年来该区域内各小学设计并实施了较为丰富的学科实践活动。笔者在实地调研中发现这些活动有以下共同特征：

第一，英语学科实践活动内容从课本延伸到各个学科，从课内延伸到课外，活动地点从学校延伸到社区、图书馆和博物馆等。

第二，学科实践活动在各年级中都有开展，活动形式多样，内容丰富，学生参与兴趣浓厚。

通过对部分学校开展的学科实践活动进行观察和调研，笔者发现小学英语学科实践活动的开展存在以下问题：

第一，部分学校对学科实践活动课程的意义和价值认识不到位，认为学科实践活动与考试无关，学生学好课本教材最重要。

第二，学校对学科实践活动的研发缺少整体的课程目标规划，部分学校虽然开展了学科实践活动，但是有些活动课程目标不明确，活动流于形式，学生的实际获得打了折扣。

第三，活动主题的选择不够开放，较多局限在学科语言知识的学习。学科间的关联与融合不够，学生解决问题、实践创新能力等综合素养的发展受局限。

第四，学科实践活动的评价设计不完善，在活动中评价的功能发挥不到位，普遍忽略评价总结与交流环节，而且少有的评价也大多重结果轻过程。通过评价促进学生持续发展的理念体现不够。

四、北京市对学科实践活动课程建设的指导建议

为解决基础教育学科教育教学中存在的深层次问题，北京市教育委员会颁布的《北京市中小学英语学科教学改进意见》和《北京市实施教育部〈义务教育课程设置实验方案〉的课程计划（修订）》要求中小学校"各学科平均应有不低于 10% 的课时用于开设学科实践活动课程"，并明确指出：该类课程，在内容上可以某一学科内容为主，

开设学科实践活动，也可综合多个学科内容，开设跨学科综合实践活动。学科实践活动课程的开发和实施，要避免用学科教学内容简单替代，要突出实践性、探究性，尽量依托参观、调研、制作、实验等形式，要逐步形成学科内综合以及跨学科、多主题、多层次（知识类、体验类、动手类、探究类等）的系列课程。

上述文件的颁布为小学英语学科实践活动课程的设计与实施提供了思路上的指导。学校应结合自身的办学理念、学生的实际需求及教学资源，整体设计学科实践活动课程总目标、年段目标及具体课程资源和内容，避免实践活动开展的随意性和碎片化，将学科实践活动课程纳入学校整体课程规划中，提升课程育人品质。

第二节
小学英语学科实践活动课程基本理念

　　教育部颁布的《义务教育英语课程标准（2011 年版）》提出了培养学生综合语言运用能力的课程目标和体验、实践、参与、探究和合作的教学理念。综合语言运用能力的发展建立在语言技能、语言知识、情感态度、学习策略和文化意识的整体发展基础上。

　　党的十八大提出把立德树人作为教育的根本任务，明确强调了教育的本质功能和真正价值，开始从国家层面更加深入系统地考虑"教育要立什么德、树什么人"或者说"教育要培养什么样的人"这一教育根本命题。2017 年北京师范大学林崇德教授研究团队提出了"中国学生核心素养发展目标"，其中包括三个方面、六大素养和十八个要点。中国学生核心素养发展视域下的课程目标是面向每一位学生的，是让其掌握在未来社会充分就业、幸福生活、实现个人价值需要具备的关键综合能力，是知识与技能、过程与方法、情感态度、价值观的深度融合。

　　2017 年教育部颁布了《普通高中英语课程标准（2017 年版）》，提出英语课程总目标，即全面贯彻党的教育方针，培育和践行社会主义核心价值观，落实立德树人根本任务，在义务教育的基础上，进一步促进学生英语学科核心素养的发展，培养具有中国情怀、国际视野和跨文化沟通能力的社会主义建设者和接班人。学科核心素养是学科育人价值的集中体现，是学生通过学科学习而逐步形成的正确价值观念、必备品格和关键能力。

　　上述义务教育和高中阶段课程目标以及中国学生核心素养发展目标对小学英语学科实践活动课程设计与实施具有宏观指导意义。学校在进行课程规划与设计时应参照并落实相关育人目标要求。

　　课程的设计不仅仅要考虑对知识内容的编排，还要体现对学生学习过程的预设与安排。因此，好的课程设计需要考虑：学习的本质是什么？什么样的学习是好的、有意义的？怎样的课程设计能够激发学生进行有意义的学习？小学英语学科实践活动课程在宏观目标的规划与具体内容领域的设计需要体现以下教学理念。

一、促进学生深度学习的实现

　　大量研究表明，在迅速变化的世界中取得职业和社会生活成功的关键，就是拥有远大的志向和坚强的意志、批判性思考和问题解决能力、有效的沟通和协作能力以及学科思维、学习策略和积极的学习心向等，也就是核心素养。而这些素养的形成需要深度学习的支撑，因为深度学习以培养学生核心素养为根本追求。素养是个体在与各种真实情境持续的社会性互动中，不断解决问题和创生意义的过程中形成的，而这也是深度学习的状态和过程。

　　采用表层式学习方式的学习者学到的是零散的、孤立的、肤浅而无意义的知识；采用深层学习方式的学习者学到的是结构化的、有意义的知识和内容，具有较高的学习质量，能取得好的学习结果。

　　那么何谓深度学习呢？

　　所谓深度学习，就是指在教师引领下，学生围绕着具有挑战性的学习主题，全身心积极参与、体验成功、获得发展的有意义的学习过程。在这个过程中，学生掌握学科的核心知识，理解学习的过程，把握学科的本质及思想方法，形成积极的内在学习动机、高级的社会性情感、积极的态度、正确的价值观，成为既具有独立性、批判性、创造性又有合作精神、基础扎实的优秀的学习者，成为未来社会历史实践的主人，即育人的最终目的（刘月霞、郭华，2018）。

　　上述对深度学习概念的界定，使我们对深度学习的特质有了进一步的理解：

　　首先，深度学习是学生在教师引领下的有意义的学习过程，而不是学习者的自学活动。它强调了学习过程中学生的主体参与和教师的主导作用。

其次，深度学习强调有意义的学习过程。这有别于浅层学习、机械记忆式学习。有意义的学习需要具备两个条件：一是学习材料必须具有逻辑意义，二是学习者自身必须具有积极主动建立意义关联的倾向，主动将已有知识与新知识建立关联。有意义的学习是积极健康的育人过程，其教学目标、教学内容、教学方法和师生互动都应该是有教育意义的。

二、借鉴项目式学习理念

21世纪以来，世界各国教育领域都在探索新的教学方式，以适应未来社会对人才的需求。面对未来，学生不仅要传承人类已有的文明成果，而且要不断提升解决真实问题的能力，拓展人类文明的新领域。显然，传统单一的分科教学已不能满足时代的要求。在此背景下，项目式学习（Problem Based Learning 或者 Project Based Learning，简称 PBL）因其注重帮助学生解决真实世界中复杂的、非常规的且具有挑战性的问题，培养学习者沟通合作、批判创新的高阶认知能力和工作方式，所以在较短的时间内对世界各国的课堂教学、课程改革产生了极大的影响，已成为传统学科教学的重要补充。

什么是项目式学习呢？它是以学科原理为中心内容，使学生在真实世界中借助多种资源开展探究活动，并在一定时间内解决一系列相关问题的一种探究式学习模式。

借助项目式学习方式设计英语学科实践活动时，有些关键要素需要厘清。

（一）项目式学习：目标、计划、评价

项目式学习的目标既要包含获取学科知识，也要包括习得高阶的工作方式和思维方式。因此，在设计项目时，要参考学科课程标准中对该年段学生相关学科领域应具备的能力水平要求，并以此为参照确定学习的切入点。在实践过程中，许多教师由于对项目式学习理解得

不深，且极力想挣脱传统教学方式的枷锁，因此，淡化了利用项目式学习帮助学生掌握学科知识这一目标。采用项目式学习除了要引导学生达成学科学习的基本目标外，还必须着力培养学生获取信息、批判性分析信息、沟通交流、团队合作、创造性解决现实问题的能力（夏雪梅，2018）。

项目式学习中的计划，是指要把项目式学习中的整体教学目标分解到每节课、每个教学环节，并在此基础上设计具体的教学情境、开发教学资源，设计教学过程中的具体环节，引导学生通过学习和实践逐步实现教学目标。例如：如果教师在项目式学习目标中提出要培养学生的沟通交流、团队合作能力，在实际教学中，教师就不应该只采取粗放的小组合作学习的方式，而要考虑如何分组，小组人数多少合适，每个学生在团队中承担什么角色，如何才能实现学生有深度的沟通和交流等一系列问题。只有经过精细的设计与计划，学习过程中的每一分钟才能更加有的放矢，确保教学计划的有效落实，进而确保教学目标得以实现。

泰勒在《课程与教学的基本原理》一书中指出，进行评价的过程就是检验课程和教学是否实现了教育目标，以及在多大程度上实现了教育目标。也就是说，教学评价要根据教学目标来设计。项目式学习中的评价不能只针对学生能力的某个方面，要围绕教学目标设计评价方式，既涉及知识技能方面，也要将任务管理、问题解决、信息收集、分析评价、创造性思维等纳入评价范围。评价主要采用绩效评估和自我评估的方式，旨在全面评估学生学习过程中的实际获得。

（二）项目式学习的主要特征

项目式学习具有以下特征：

首先，学习环境真实而具体。项目式学习按学习的需求立项，学习者面对的是真实而具体并且需要探究的问题。

第二，学习内容强调面对现实世界的真实问题。项目式学习所涉及的问题不论大小，都是实用的且具有合作性。项目式学习往往需要通过实践体验、创造想象等多种途径来完成，强调与不同层次的同学合作。

第三，学习手段数字化。项目式学习者可以充分利用多媒体和网络等信息技术，在利用资源、自主发现、协商合作、实践创造中学习。

第四，以学习者为中心。项目式学习强调培养学生的主体性和自主性，发展学生的自主学习能力、分析和解决问题的能力以及批判性思维的能力。

三、创建学习共同体

（一）"学习共同体"的概念

"学习共同体"（Learning Community）是指一个由学习者及其助学者（包括教师、专家、辅导者等）共同构成的团体。该团体成员彼此之间经常在学习过程中进行沟通、交流，分享各种学习资源，共同完成一定的学习任务，因而形成了相互影响、相互促进的人际联系。

外语课堂不应只是教语言的场所，还应是一个通过学习者之间的互动为学习者提供各种学习机会的平台。学习共同体作为一种教学模式，是在建构主义理念启发下由师生共同营造，能够激起创新思维，给学习者提供交流思想、相互审视、学习和交换"成果"的平台，使学习者在追求学习目标和解决问题的活动中可以使用多样工具和信息资源，并相互合作和支持的场所。

学习共同体是每一个人的差异得以交响的共同体。没有差异就没有真正的学习。"和而不同"是对学习共同体基本特征的最恰当概括。在学科实践活动课程中，师生共同开始"真正的学习"。这种"真正的学习"是一种对话性实践，是同新的世界的"相遇"与"对话"，是返璞归真的师生一道挑战学习的课堂。在学科实践活动课程中，个体与个体之间因观点、信息的碰撞而交融和互惠。

（二）"学习共同体"的要素

（1）真实性任务

一个体现"学习共同体"的教学活动是基于真实性任务的教学，要让学习者身处与学习目标相关的具体情境中，该情境应该是逼真的、复杂的，是真实的生活世界。学生可以设计并提出自己的问题。"学习共同体"教学模式所倡导的教学情境是教师与学生共享的。在师生共享的教学情境中，教师与学生的背景、兴趣、知识、价值观等不尽相同，但是，教师在情境中的"支架"作用可充分显示出来，引导学生架起"目标知识"与"现实世界"的桥梁，让学生充分体验知识学习的作用与价值。学习过程还要体现学生解决问题的真实体验过程。这种体验是通过解决实际问题而不是谈论问题或解决孤立的问题获得的。

（2）合作对话

学生结成小组后，全体成员要通力配合、彼此合作、相互支持与依赖。学科实践活动内容涉及较多具有挑战性的问题。挑战性问题的复杂性使学生难以单独解决，这便给学生们提供了一个合作学习的真实的目标。教学观察发现：学生们喜欢在小组中与同伴共同学习，并且在共同工作、一起解决复杂问题时，他们会表现得更积极和主动。有时问题的解决不能在一个课时内完成，当学生在一段时间内为了解决一个富有挑战性的问题而携手合作时，他们的情感和思维会因为这些问题不断地进行联系，共享解决问题的思路，并从获得的反馈中修正或调整自己的观点，丰富自己的原有认知。当然，在小组合作过程中，学生之间有时也会产生分歧和争执，这就需要教师发挥引导作用，促成学生彼此包容，融洽交流。

"学习共同体"中的话语空间是多元、丰富的，学生间的交流不仅限于学科知识，学生在与他人的交流中还将倾听来自不同领域、有着不同思考的声音，学习与人真诚、平等地交流、对话与共享。"学习共同体"中的每个人都有自己的"最近发展区"，每个共同体有一个共同的"最近发展区"，二者可能一致，也可能不一致。当个人的"最近发展区"满足后，会建立新的"最近发展区"。经过几次这样的过程，共同体的成员最后达到共同的"最近发展区"。这种过程不是线性的，而是循序渐进的。教师在此过程中的任务是在学生们遇到困难的时候，及时提供"支架式"的支持，所以教师是"学习共同体"中学生重要的合作者。在"学习共同体"中，学习者在解决问题的同时共建实践团队文化和价值取向，并形成对共同体的归属感。

（3）"成果"展示

在"学习共同体"中，学习是知识建构、智慧分享的过程。"学习共同体"中的每一个成员，都有自己的特长，都为共同体中集体知识的形成、文化的建构和共同目标的实现做出贡献。每个共同体（有时是代表，有时是团队）公开分享自己的成果，如专题演讲、宣传海报、文章、戏剧表演等。展示后，通过与同伴、教师进行广泛讨论、分析和评价，共同体成员能够对自己的成果进一步反思，也可以对自己的作品进行解释和说明，开放地接纳他人的建议，不断完善、修正自己的成果。

第三节
小学英语学科实践活动课程设计

学科实践活动课程开发是一个循环往复、持续优化的过程。无论在宏观层次（学校整体课程规划）还是微观层次（每一个学科实践活动）都是如此。学科实践活动课程开发始于对课程背景和课程目标的分析，继而是对学习内容的规划、设计和实施，最后是对结果的评估，其整个过程承载着学校的育人价值观。

要设计出优质的学科实践活动课程方案需要从以下几方面入手：

一、深入领会国家、地区教育政策和学科课程标准，做好课程背景分析

课程背景分析是学校课程设置的重要组成部分，对课程的设计、发展与优化起着重要的支撑作用。学校的学科实践活动课程是基于特定的背景、环境孕育而生的。因此在正式开始课程计划编制之前，深入地分析相关背景具有重要的指导意义。国家、地方制定的相关课程政策作为学校学科实践活动课程设计的重要背景，为学校学科实践课程计划的有效编制提供了充分的政策支持和实践思路。

2017 年 12 月教育部颁布了《义务教育学校管理标准》，旨在全面改进和加强义务教育学校管理工作，促进学校规范办学、科学管理，整体提高教育质量和办学水平。该文件在基本内容中的第四部分有关提升教育教学水平内容描述中提出：根据学生发展需要和地方、学校、社区的资源条件，科学规范开设地方课程和校本课程，编制课程纲要，加强课程实施和管理；创新各学科课程实施方式，强化实践育人环节，引导学生动手解决实际问题。

《义务教育英语课程标准（2011年版）》提出义务教育阶段英语课程的总目标是：通过英语学习使学生形成初步的综合语言运用能力，促进心智发展，提高综合人文素养。英语课程的基本理念强调学习过程，重视语言学习的实践性和应用性，并强调要通过让学生"能用英语做事情"来培养学生的综合语言运用能力，"要采用循序渐进的语言实践活动"，并对其所倡导的"活动"提出了明确的要求，"活动应有利于英语学科与其他学科的相互渗透与联系，以促进学生的认知能力、思维能力、审美情趣、想象力和创造力等素质的综合发展。"

通过对国家课程改革目标和学科课程标准以及北京市课程建设的相关文件的研读与分析，我们需要思考，怎样使学校制定的学科实践活动课程目标与国家课程改革目标相一致，怎样以北京市课程管理目标为具体指导，来构建学校课程目标，并在此基础上构建英语学科实践活动课程目标。学科实践活动应是强化"实践育人"目标的具体落实，是在继承英语学科学习活动的基础上的超越与创新。

此外，结合学校的现有情况进行充分的背景分析，如：了解学校课程建设的整体脉络，学校过去开设过的学科实践活动课程，开设这些课程的初衷和过程，课程开设后的教学效果。这样能够帮助课程设计者发现以往学科实践活动课程设计与实施过程中的经验、误区和问题。从学校课程发展、学生发展、教师能力水平的实际情况出发，围绕课程设置的各个要素编制课程计划，设计课程内容，以确保所规划设计的课程的有效性、适切性和可行性。这将有助于日后教学过程中课程目标的达成，同时也为课程评价提供有力的依据。

二、深入开展学情调研，做好学习需求分析

学习需求分析是一个系统化的调查研究过程。调查研究可以借助常见的调研工具，如问卷调查、访谈、案例分析、个案跟踪等。通过上述调研工具收集、整理、分析相关数据，发现、提炼学生的学习需求，

找到学生课程学习中的问题节点或瓶颈，作为后续课程开发的依据和基础。

在进行学生学习需求分析时，我们需要认识到，教育者既要满足学生的学习需求，也要引领学生的学习需求。我们需要追问，学生的哪些需求是必须满足的，哪些需求不是必须满足的，哪些需求是需要引导和调整的。杜威曾经提出，教育即经验的改造。课程设计者需要进一步思考，是不是学生所有的经验都可以影响学科实践活动课程设计？事实上，可以影响学科实践活动课程设计的经验至少需要有两个基本条件：第一，经验必须体现儿童的成长。儿童是课程的主体，要选择真正促进儿童成长与发展的经验。第二，经验必须体现发展性。经过设计的"经验"课程可以引领儿童从当前走向未来，从自我生活空间走向公共领域。经过精心设计的实践活动课程既要很好地体现课程内容本身的逻辑结构，又要符合儿童认知心理发展的特征。

关注学生的学习需求既表现在关注全体学生的需求，也表现在关注个体学生的学习需求上。学校的课程设计要基于学生的学习需求，要通过恰当的方式识别、发现、回应、满足、引领学生的学习需求。将学生的学习需求置于首位，是以学生发展为本的育人理念的具体反映。总体来讲，英语学科实践活动课程的内容应该贴近儿童的学习需求，并满足儿童未来发展的需要。

三、基于学校课程目标构建英语学科实践活动课程目标

学科实践活动课程目标是指学校设置和实施的学科实践活动课程在促进学生发展方面预期要达到的结果。英语学科实践活动课程是与学科课程相对应，以学生的兴趣为出发点，强调课程内容的丰富性、学习方式的实践性、评价方式的多样性。

目标的制定过程也是价值判断的过程。课程目标的制定必须着眼社会发展背景，基于学校发展现状，建立在对学生发展的价值追求上，进行全面规划与设计。

（一）学科实践活动课程目标要与学校整体课程目标一致

国家教育目的具有宏观性和概括性。相对于国家教育目的，学校课程目标是学校基于整体课程和全部教育活动期望学生所要达到的结果来加以建构与设计的。英语学科的课程目标更多体现英语课程全部内容对学生身心发展的全部预期。英语学科实践活动是英语课程的一部分，是学校育人目标达成的重要载体。英语学科实践活动目标要与英语课程目标协调统一，共同服务于学校整体课程目标。学校课程目标、英语学科课程目标和学科实践活动目标，这些目标是层层具体化的，共同促进学校育人目标的有效达成。

（二）学科实践活动课程目标要关注学生核心素养的全面发展

英语学科实践活动课程的主体是学生。学校在制定学科实践活动课程目标时必须紧紧围绕目标针对的学习主体和对象——学生，明确表达出该课程对学生发展的预期方向和结果。

英语学科实践活动课程目标不能只涉及学生对英语知识内容和技能的掌握程度，而要体现对学生核心素养的全面关注。同时，课程设计者也要意识到，当前有些学科实践活动设计过于偏重未来社会生活对合格人才的要求，忽视了学生所处的年龄、学段和本校教育为学生达到一定标准所能提供的条件。

学校的课程是为学生的发展服务的。泰勒提出，教育是一种改变人的行为方式的过程。对学习者的研究，就是为了确定教育机构要想产生所需的学生行为方式变化需要给出何种教育。泰勒认为，对学生的研究主要包括需要和兴趣两个方面。

那么，如何在进行英语学科实践活动目标设计时正确把握学生的发展需要和兴趣呢？课程设计者可以通过观察来了解学生在学校学习、活动、社交、生活习惯等方面的情况；可以借助访谈的方式了解他们在学习、爱好、价值观等方面的倾向；还可以通过学习成果样本等资源分析，了解学生内心情感、家庭及健康状况。

学科实践活动目标的设计必须同时关注到学生的语言学习、品德、智力和体质等多方面发展的要求，结合当前中国学生发展核心素养的要求，基于学生特点和个性发展的需要，从本校的实际情况出发去设计、制定能体现学校育人特色的学科实践活动课程目标。

（三）学科实践活动课程目标的设计与撰写

当前学校学科实践活动课程目标设计和规划存在的最突出的问题是：较多考虑学生对学科知识的学习，而轻视了学生作为未来社会人才所应具备的核心素养、学生发展特点与实际需求、学生的学习规律。

学科实践活动课程设计是一项非常复杂的工作，需要在学校整体课程规划与设计的基础上进行。学科实践活动课程目标的设计需要考虑以下几个重要因素：学科核心知识、学生核心素养发展和未来社会需求。学科实践活动课程目标的定位既要建立在今天的社会需求和学生现状的基础上，又要考虑学生适应未来社会乃至终身发展的需要。只有将学科核心知识、学生核心素养发展与未来社会需求统整起来，将三个方面和谐地编织在一起，学科实践活动课程才能真正实现促进学生发展的目的。

小学英语学科实践活动课程基本目标定位：基于英语语言学习和语言运用，通过系列实践活动，培养并发展学生作为未来社会公民所需要的核心素养，为学生继续学习和终身发展奠定良好基础。具体而言包括以下几方面：

（1）拓展和加深学生对自我、社会和自然的认识和体验；

（2）培育、发展学生的主体意识，提高学生自我管理、自主学习、实践创新的能力；

（3）基于基础课程进行知识层面的扩展和潜在能力的发展，完善学生的认知结构，着重培养为学生终身学习打基础的发展性学力；

（4）初步发展收集、处理和运用信息的能力，运用已有知识解决实际问题的能力以及表达、交流、合作的能力；

（5）发展积极的兴趣和爱好，培养生活技能，形成良好的个性心理品质和健全人格、公民意识、社会责任感和创新精神。

学校在设计英语学科实践活动课程时，要充分考虑实践类课程的基本特点、意义价值和总体目标。在此基础上结合本校的办学理念和实际需求，设计富有学校特色的学科实践活动。

那么如何基于学校学科实践活动课程，撰写每一个具体的实践活动的教学目标呢?

学科实践活动课程是由系列的具体学科实践活动构成的，每一次活动的目标同样体现着学校的育人目标。相比而言，学科实践活动课程的总目标描述相对宽泛，而实践活动的目标描述更为具体，具有可描述、可检测的特征。定位明确、表述准确的目标能够清晰地呈现课程及每一次活动的意图，引导教师有效落实教学实践。

（1）内容全面

学科实践活动课程总目标和具体活动目标的撰写均要体现对学习结果的全面概括，要体现出对学生核心素养发展的全面关注。同时，还要体现出学生年段特征。任何素养的形成都不是一蹴而就的，都应体现循序渐进的原则，结合学生不同年龄段认知特点和背景经验，设计出切实可行的目标。

（2）结构清晰

学科实践活动课程总目标的阐述与具体活动的目标阐述之间要体现一致性，指向明确，层次清晰。

（3）特色突出

学科实践活动课程总目标和具体活动目标要突出学校的办学特色和育人文化特征。

在此介绍一个描述完整行为目标的简单方法，即 ABCD 法。A 代表行为主体，B 代表行为，C 代表条件，D 代表完成的程度。一个包括上述成分的行为目标就是一个完整的目标。例如:

A. 学生

B. 设计图书推荐海报并能够用英文介绍

C. 与同伴合作

D. 自信、流畅

　　将上述内容连贯起来表达，就是：学生能够与同伴合作设计图书推荐海报并能够自信、流畅地用英文介绍海报。这样的教学目标描述明确、具体，可操作，可检测。

四、小学英语学科实践活动内容设计

　　在确定了学校学科实践活动课程目标以后，学校要依据课程目标来选择并组织课程内容，形成有助于达成实践活动课程目标的课程内容。小学英语学科实践活动课程的内容十分丰富，具有开放性、综合性和生成性的特点，可涉及的领域也十分广泛。学科实践活动课程可以指向体验性学习、拓展类学习及探究型学习。课程内容既可以是自然科学方面的，也可以是人文社会科学方面的。小学英语学科实践活动课程对学生而言是一种不同于基础性课程的学习经历，这种经历整合认知领域、情感领域和动作技能领域等多方面的学习内容。它关注学生自我与社会和自然的融合，引导学生走出学校，走进社区和社会，对感兴趣的问题开展实践性学习和探究，关注日常生活现象，解决真实生活中的问题。小学英语学科实践活动课程没有统一的课程内容，它给了学校一定的自主权和实践空间，对本校英语学科实践活动课程进行创造性整体设计与开发。在英语学科实践活动课程内容的选择上，可以参考以下基本思路：

（一）深度挖掘教材，基于单元主题，设计学科实践活动

　　目前多数小学英语教材都是以单元为单位设计编写的。教师需要研读教材，挖掘、提炼出单元内容的主题意义，也就是基于单元的语言知识体系、语言技能发展目标，找到单元内容的育人目标，即：通过本单元的学习，基于语言知识与技能的发展，学生还应该收获什么？

　　以外语教学与研究出版社义务教育教科书《英语（一年级起点）》四年级上册 "I helped my mum" 单元为例，教师通过对教材内容分析、解读以及学情调研，确定了本单元学习目标：

　　（1）用本单元所学词句与他人交流做家务的情况；

（2）读懂有关家务的短文，梳理信息，完成阅读任务；

（3）仿照范例写出自己的家务劳动计划，并按照计划自我监控完成家务劳动；

（4）在思考和谈论家务的话题过程中，感受到做家务的乐趣，尝试主动承担家务；

（5）主动了解其他学生常做的家务，与自身进行对比，制作适合自己的家务清单，并坚持按此实施。

教师基于本单元教学目标，在课程内容的基础上，设计了以 "What Chores Can You Do?" 为主题的学科实践活动。学生学习了解不同地域、不同国家同龄孩子通常做的家务，确定自己要做的家务清单，并进行自我监控，主动承担家务。在做家务的过程中，积累感悟和经验，找到做好某件家务的方法和窍门，分享给班里的同学。通过参与实践活动，学生更深刻地体验到做家务的乐趣，教师将语言学习与学生生活紧密结合，为语言学习提供了更有意义的目标，使抽象的语言融入真实而具体的语境中，有了更实际的意义，使学生更容易理解和运用。同时在实践活动中调动了学生其他学科学习的相关经验，也将英语学习的经验运用到了其他学科。

（二）基于真实问题设计学科实践活动

人类生存与发展面临着无数未知和问题，也面临着种种不同的选择。当今世界处于一个科技、经济、政治、文化高速发展和变化的时代，中国未来的发展要融入并贡献于未来世界的发展，这对人才培养提出了新的要求，其中一个重要要求就是分析问题和解决问题的能力。这是每个学科核心素养中需要关注和培养的关键能力之一。

教师在设计学科实践活动时，要注重培养学生分析问题和解决问题的能力。教师要在活动设计中树立问题意识，力求使解决问题成为学生学习的出发点和落脚点。教师要将学生的真实生活与学习内容进行联结，提炼出真实的问题，以学科实践活动为载体，培养学生问题解决能力。真实问题的解决，往往不能仅仅通过一个学科知识的获得实现，需要跨学科的知识经验的结合。

　　一位教师看到学校在楼顶为学生们开辟了一块"空中菜园"，想到如何以此为主题设计一次学科实践活动。这位教师从"空中菜园"联想到，既然菜园是为学生开辟的，就应该由学生自己来种植和管理。那么，学生会种植蔬菜吗？如何引导学生学习种植蔬菜？蔬菜成熟了应该怎么处理？怎样做能让学生更深刻地体会到劳动的意义和价值？基于对上述问题的深入思考，这位教师设计出了"餐桌上的蔬菜从哪里来？"系列学科实践活动课程。

（三）结合学校育人目标设计"跨界"学科实践活动

　　教育部《关于全面深化课程改革 落实立德树人根本任务的意见》的颁布实施和"中国学生核心素养"的提出，标志着以知识为中心的学科教学将转向以素养发展为核心的综合育人。要实现这样的目标，就要对课程内容提出新的要求。

　　在当今信息时代，"跨界"现象随处可见，传统的学科或专业"边界"正日渐模糊。"跨界"从字面含义上看，指的是"跨越一定的边界"。"跨界"的理念对学校课程设计也有指导和借鉴意义（娄华英，2018）。

　　为实现育人目标，教师基于学生的视角设计具有主题意义的学习内容，引导学生跨越原有学科知识的边界，根据学习主题，整合学习资源，采用多种学习方式，以实现深度学习，解决现实问题，促进核心素养的全面发展。在这样的学习过程中，"知识"不再是冷冰冰、被束之高阁的，而是具有丰富内涵和实际意义的信息。学生在活动中探索、发现知识，在现实中运用知识。整个学习过程调动身体和大脑的积极参与，情境与情感融合，形成个性化的理解与结构化的知识网络。

　　这里介绍的"跨界"学习思路，主要分为以下四种类型：

　　（1）跨学科之界

　　是指教师打破学科壁垒，围绕学习主题，跨学科、多领域融合开展学科实践活动，促进英语学科与其他学科的有效融合与互动。传统意义上的以知识传授为目的的课程常态将被打破，课程将成为学生探究未知世界的乐园，学生语言能力、学习能力、思维品质、文化意识等综合素养将得到全面发展。

当前跨学科学习受到教师们的广泛关注和积极实践。但在实践中也产生了一些问题。教师们需要认识到，跨学科学习不是简单的将被分割的东西拼凑在一起，也不是机械地将各学科知识聚合起来，或者在同一个主题下包容所有学科的知识。而是把本来具有内在联系却人为地被割裂的内容重新整合为一个整体的学习内容，而整合的关键就是生活中的真实问题。

跨学科的实践活动设计要求教师将学生已有的学习经验与学生所处的真实生活世界相关联，发现学生可能面对的真问题，将真问题提炼为学科实践活动的主题。在此基础上进一步思考解决这样一个真问题，学生需要哪些学科的知识，而学生是否具备相关学科的知识，是否需要在问题解决的过程中进行学习等问题。教师不仅要发现活动目标与相关学科知识所具有的内在关联性和共通性，而且还应该使学生通过具体的活动体验，以自然的方式去认识学科间的内在关联。在学生没有发现或认识到这种关联时，教师不能将自己建构的关于学科间的关联强加给学生，否则学习者对这种关联的认识是勉强的、非自然的，这样机械的关联只能使课程变成一个拼凑的什锦。

（2）跨时空之界

学科实践活动的开展需要打破课时的局限，根据学习主题的特征及学生的学习进程和需求确定学习的时间，可以通过"长短课""大小课"的结合来完成，如实践难度较高，活动程序较复杂的课程内容，需要"长课"完成；相反则可用"短课"完成。

传统英语教学局限于教室内，而学科实践活动内容的特殊性决定了学科实践活动的开展不可能全部在封闭的教室内进行。学科实践教学在空间上要打破原有壁垒和领域的限制。学科实践活动的开展将引导学生从教室走出，走向与学习主题相关的场所，如博物馆、运动场、田园、动物园、超市、医院、公园、实践基地等。只要是学习发生的地方都是学生的教室。

（3）跨评价标准之界

学科实践活动的目标指向学生在学习过程中的真实需求、学习发现和实践创新，强调学生的自主探究和主动参与。这将打破单一学科认知目标的边界。以往教学中，教师较多以学生知识积累的数量和记忆的质量评价学生的学习效果。在以素养发展为导向的价值观下，教师应该从更宽广、更丰富的视角看待并解读学生在学科实践活动中的学习收获。教师应关注学生的学习动机、学习过程中的自主探究、与同伴合作的情况、对学习方法的把握、对自我学习的调控、迁移创新能力等多方面的发展，从只评价学习的结果转向评价学生学习的全过程。

（4）跨角色之界

学科实践活动将打破师生的固有角色界定。教师、家长、校外专业人员及学生都能成为教师，教师有时也会成为学生。特别是在跨界学习理念下，教师很难做到多学科都擅长，有的学生在某方面可能超越教师。这有助于师生间形成更为自如的角色转换，实现教学相长。

总之，"跨界"学习的理念更注重知识的拓展与整合，教学目标也更具生成性，更强调综合运用能力的发展和探究、实践创新能力的培养。学习内容的选择不再局限于系统化的单一学科知识，重视各学科间的知识联系，学生的"生活经验"得到更多的关照。师生关系的新格局，将促进师生的共同参与和平等交往，通过交流、对话、合作等方式实现彼此理解、目标达成和价值认同。

教师将以"跨界"的学习理念为参照，结合学科课程标准和学生的学习需求，挖掘原有课程中各个主题活动的学习内涵，开展围绕某个主题、融合多种学习资源和学习方式的跨界探究式学科实践活动。在学习过程中，让学生真切地体会到学习的意义和价值。

（四）以学生为中心，关注学生学习与成长需求

学生对学习内容的需求是影响学习品质的重要因素。如果教师认为课程就是学生学习的教材，学生就成了承装知识的容器；如果教师

认为课程是学生生活的整个世界，那么学生就将拥抱整个世界。丰富的课程比单一的课程更有利于学生的人性丰满，更有利于未来社会参与者综合素养的形成。

我们需要深入思考：哪些学生经验是可以融入课程的？学科实践活动课程的设计不能仅仅停留在好玩、有趣的浅层上，要对学生所经历的各种"经验"进行提炼，确定哪些经验会对学生的可持续发展产生促进作用，将提炼的"经验"进行"改造设计"，形成学生成长的增长点。

课程与学生不是分离的，学生本身就是课程的设计者、实施者和评价者。要从学生的角度出发设计内容鲜活的学科实践课程，以学生喜欢的方式实施、评价以及管理课程。无论怎样的课程，它始终是知识的载体。在繁多的知识体系中选择，教师要精炼、梳理学生最需要且最喜欢、最能够接受的形式，这是课程设计的初衷。斯宾塞曾追问"什么知识最有价值"，我们对学科实践活动的内容定位为：鲜活的、有生命活力的课程，突出强调与学生日常生活息息相关的方方面面。关注学生心理成长的心理健康教育内容、关注身边生活情境的本地文化内容、关注学生兴趣培养的科技内容，都可以纳入学校学科实践活动课程中。

第四节
小学英语学科实践活动课程实施

一、影响小学英语学科实践活动实施的相关因素

小学英语学科实践活动有利于促进学生核心素养的形成和发展，但学科实践活动在实施过程中受到诸多因素的影响。

（一）学生主体性发挥程度

学生是学习活动的主体，也是影响学习方式有效性的首要因素。学生的学习兴趣、学习方式、认知水平、学习习惯、情感态度、价值观等都会影响学习活动的实施效果。兴趣是学生学习的内在动力，学生一般会主动积极地参与内容有趣且与自己生活、情感有关联的学习活动。若学习活动难度太大，学生难以参与，或者学习内容过于简单，缺乏挑战性，学生会失去学习的积极性。

（二）教师的活动组织能力

教师的活动组织能力主要包括教师对学生学习活动的调控、对现场生成资源的回应与利用和对学生活动表现的评价三方面。

教师需根据教学内容、学生的认知发展规律、学习者的个体特征选择学生感兴趣的问题情境，与学生已有的知识和经验形成认知冲突，设计由浅入深、螺旋上升的实践活动内容，从而激起学生学习、探索的好奇心和主动参与探究的欲望。学生的学习活动是动态生成的，许多情况下会偏离学习活动的设计与规划，教师应根据学习活动实施的具体进展进行及时的调整和完善，对学生现场生成的学习反馈和资源进行及时的回应与引领。只有将学习活动的各个环节有序衔接，才能确保学习活动的有效进行。在学习过程中，教师还可通过对学生进行

及时的评价来调控教学进程。教师对学生活动表现的评价具有诊断、激励和调节的功能，应该贯穿学习活动实施的全程。教师的教学组织能力决定学习活动能否有效有序地实施。

（三）宽松平等的活动氛围

学科实践活动实施过程中的学习氛围是师生关系最直接的反映，直接影响学生在学习活动中主体性的发挥和实践活动的实施效果。在学习活动实施过程中创设轻松愉快的教学氛围，是实现学生主体性地位的前提和保障，真正改善学生的学习方式，促进学生的主体性发展。实践活动实施过程要发挥教师的主导作用和学生的主体作用，营造学生自由探讨、师生平等交流的宽松氛围，构建新型民主、和谐的师生关系。

二、小学英语学科实践活动实施基本原则

（一）活动性与内容性相统一，精心策划

活动性是指小学英语学科实践活动实施的过程要让每个学生都动起来，这个"动"不仅仅强调的是学生的肢体活动，更强调的是学生思想上的活动，即动脑。内容性是指小学英语学科实践活动不是随意的、自由散漫的自由活动。学生的活动要依托活动的主题和内容，将语言实践与核心素养的全面发展结合起来，以实现实践活动的"内容性"。

活动性与内容性相结合，是小学英语学科实践活动开展的出发点。小学英语学科实践活动关注学生的实际获得，促进学生全面健康成长，充分发挥课程在人才培养中的核心作用。教师需要学习先进的教学理念，重新定位自己在课堂教学中的地位和作用，牢固树立以学生为本的教学理念，培养全面发展的人才。

常态教学中基于教材的学习较多强调知识的学习与掌握，学生思维发挥空间比较受限，缺少自由和新鲜感。因此学科实践活动要关注

学生学习体验、动手实践及创新意识的培养，要让学生走出教室，走进生活，从而使其肢体得到舒展，大脑得到激活。既要帮助学生体验语言学习的实践过程，提升学生综合语言运用能力，又要走进现实世界，拓展跨学科知识，发展多方面的素养和能力，促进学生的全面发展。

（二）主导性与主体性相统一，实践育人

主导性和主体性是分别针对教师和学生在学科实践活动中的角色提出的，其核心是指教师教学要从以往的"过度控制"转为"适度控制"，学生参与学习的方式要从以往的"被动接受"转为"主动实践"。这样的角色定位应贯穿于小学英语学科实践活动的全过程，以确保其实效性。

学习不是知识的简单传递，儿童在与周围环境相互作用的过程中，逐步建立起关于外部世界的知识，从而使自身认知结构得到发展。

"教师主导"和"学生主体"是学科实践活动实施的两大关键核心。教师要改变以往自己一手操办实践活动的现象，充分调动学生参与学科实践活动的积极性，让每个学生都能够直接或者间接地参与到活动设计与实施的过程中来。

在小学英语学科实践活动的实施过程中，要处理好学生自主实践与教师有效指导的关系。教师既不能"教"实践活动，也不能推卸指导的责任，而应当成为活动的组织者、参与者和促进者。比如在活动准备阶段，让学生参与活动主题的选择和活动方案的确定。教师要充分结合学生已有的经验，为学生提供活动主题选择以及提出问题的机会，引导学生构思选题，鼓励学生提出感兴趣的问题，并及时捕捉活动中学生动态生成的问题，组织学生就问题展开讨论，确立活动主题和方案。教师还可以请学生部分或独立地进行某个子项目或环节的设计，从而拓宽学生的视野与整合思维能力，促进学生独立思考和统筹规划。

共同设计活动方案后，师生可以合力改进活动方案。教师要引导学生对活动方案进行组内及组间讨论，吸纳合理化建议，不断优化、完善方案。学生积极参与活动方案的制定过程，通过合理的时间安排、

责任分工、实施方法和路径选择，对活动可利用的资源及活动的可行性进行评估，师生一起参与准备活动所需要的材料。学生参与到实践活动的设计中来，有效增强活动的计划性，提高学生的活动规划能力。

在活动实施阶段，教师要创设真实的情境，为学生提供亲身经历与现场体验的机会，促进学生积极参与活动，在现场考察、设计制作、调查探究、社会服务等活动中发现和解决问题，体验和感受学习与生活之间的联系。要加强对学生活动方式与方法的指导，帮助学生找到适合自己的学习方式和实践方式。活动过程中让学生有适度空间自主实践、合作探究、自我评价与反思。在学生遇到难以克服的困难，需要教师的指导和帮助时，教师提供支持与引领。教师的指导应重在激励、启发、点拨、引导，不能对学生的活动过程包办代替。除此之外，教师还要指导学生做好活动过程的记录和活动资料的整理工作。

在活动的总结阶段，教师要指导学生选择恰当的成果呈现方式，鼓励多种形式的学习成果呈现与交流，对活动过程和活动结果进行系统的总结与梳理，促进学生自我反思与表达、同伴交流与对话、收获梳理与展望。教师应指导学生尝试通过口头和笔头进行英语表达。口头表达方式包括英语演讲、歌曲演唱、讲故事、戏剧表演等；笔头表达方式包括用英语设计、制作海报，写小日记、心得、日志等。学习成果的丰富表达和展示，可以帮助学生丰富个体经验，促进知识建构，并根据同伴及教师提出的反馈意见和建议进行修改，明确进一步的学习方向，深化主题探究和活动体验。

（三）过程体验与素养发展相统一，全面发展

学生核心素养是从人的全面发展角度出发，体现"促进人的全面发展，适应未来社会发展需要"这一育人目标要求。基于这一育人目标，学生的核心素养涉及学生的知识、技能、情感态度、价值观等多方面，是个体能够实现终身学习和全面发展、适应未来社会的基本保障。

小学英语学科综合实践活动的内容不局限于书本知识，也不局限于英语学科。教师要根据课程目标有效地选择资源来实施实践活动课程，可以把社会大课堂活动与学科教学活动紧密结合起来，让学生亲

身参与丰富多彩的校内外或跨学科的实践活动，让学生在实践活动中综合运用所学知识，主动地去探索、发现、获得解决现实问题的真实经验。

学科实践活动的实施强调学生通过合作、探究、访谈、调查、操作、劳动、制作、设计等多种形式的实践过程提升发现和解决问题的能力，并在解决问题的过程中积累生活感悟，丰富生活体验。各学科教师协同合作来创设学生发现问题的情境，将所要学习的内容与学生的真实生活世界相关联，让学生充分体验学习的意义与价值。教师还要注重学生在实践学习中的体验过程。学生参与学科实践活动所收获的不仅仅是语言运用能力，更是包括学会学习、健康生活、人文底蕴、科学精神、责任担当、实践创新等素养的协同发展。

三、小学英语学科实践活动实施建议

小学英语学科实践课程应当给学校以弹性空间，赋予教师课程开发的权利和责任。具体而言，学校和教师应做到以下几点：

（一）任务化解，以小组合作为主，多种形式推进

小学英语学科实践活动以综合性学习、跨学科任务、项目式学习等方式推进，加之小学生英语语言能力有限，因而顺利参与并完成学科实践活动任务对小学生而言具有一定的挑战。教师应将每次学科实践活动划分为若干阶段，每个阶段按步骤推进，将大任务分解，利于学生顺利完成。

在实践活动推进过程中，教师应根据任务难度，让学生独立完成或以小组合作方式推进。小组合作作为学科实践活动的主要学习方式，其合作范围可以从班级内部逐步走向跨班级、跨年级、跨学校和跨区域等。小组成员分工合作，统整不同学生的经验。对于那些涉及范围较广、领域较宽、内容丰富的学科实践活动，需要学生分工与合作，既要求每个学生承担部分工作，完成相应任务，又要加强彼此的衔接与联系，共同讨论活动中出现的问题，合作予以解决。既要让学生有

独立思考的时间和空间，又要充分发挥合作的优势，重视培养学生的自主参与意识和合作沟通能力，鼓励学生利用信息技术手段突破时空界限，进行广泛的交流与密切合作。

（二）增强安全意识，确保活动安全

教师要协调与保障学生的人身安全。学科实践活动的场地因活动主题和内容的不同会有相应的安排。相对于日常教学，实践活动所需要的资源更为丰富，实施过程更为复杂。小学生好奇心强，有时参与活动过于投入便会把控不住自己，这就造成了一定的安全隐患。教师要结合每次实践活动的内容，在活动前认真对学生进行安全教育，制定安全守则，设计安全预案，落实安全措施，帮助学生增强安全意识，提升学生安全防范的能力。

（三）课上与课下结合，长课与短课结合

学科实践活动的实施从开始到结束往往需要一个延续的时段，不能像常态教学用四十或四十五分钟完成。在实施时，教师要合理安排每个阶段的活动。如果学生能够自主或与同伴合作完成，就可以放手让学生自主实践。如果学生自主完成有困难，必要时教师在课上对学生进行适度指导。学校在周总学时不超过年级相应规定的前提下，根据学科、课型等通过课上学习与课下自主学习，长课与短课相结合的方式灵活安排时间，使学科实践活动的实施有时间保障。

（四）做好完整的活动记录，分享活动成果

在活动正式开展之前，教师对学生提出具体的活动要求并安排活动任务。活动中要求学生做好活动记录，对于调查的数据以及有关调查资料要及时并且完整地收集并通过视频、录音、文字等形式加以保存。在活动过程中教师必须密切关注学生的动态，对遇到问题的学生要及时进行必要指导，做好教学记录，记录应当包括学生在活动中所表现出来的行为态度以及每位学生完成任务的情况。

每个学生的活动成果、心得、体会要在一个阶段或者活动结束后

在班级内进行交流展示，以使学生及时发现自己的进步和不足，帮助教师发现教学中的问题，并基于学生的反馈对后面的实践活动设计做出调整。学生的反思和评价可以通过个体与小组相结合的形式展开，学生能力的提升和情感的生发不仅是个人建构的结果，也是集体建构的结果。而且学科实践活动本身就需要小组成员之间、小组之间进行协作。学生可以以小组为单位通过演示文稿、录制视频等多种形式展示学科实践活动的成果或自己通过实践活动在核心素养各方面获得的发展，也可以分享自己在完成活动任务期间所遇到的问题、相应的解决方法、获得的帮助以及从中汲取的教训等，促进共同成长，为以后积累更多的活动经验。

（五）学科教师跨界合作

学科实践活动中综合的活动目标、跨界的内容与多样的活动方式对指导教师提出很高的要求。然而，传统师范教育模式培养出来的教师接受的是单一学科的教学法训练。除了自己所学所教学科，对其他学科了解有限。要完成跨学科的综合实践活动设计与指导，对许多教师而言的确充满挑战。面对综合、开放、生成性的学科实践活动，许多教师会感到难以胜任，无从下手，因此需要接受一定的、必要的培训。

为实现学科实践活动方案的有效实施，需要多学科教师跨界合作，将学科整合的设计意图体现、落实到实践活动过程之中，将学科整合的理想转变为整合的现实。一些大型的综合实践活动由于涉及的学科、领域较多，需要组建多学科教师构成的实践活动指导小组，整合不同学科教师的经验，对学生进行协同指导，发挥每一位教师的作用，使活动既具有较大的广度，又具有一定的深度。

第五节
小学英语学科实践活动评价

评价是指根据一定的标准，对某个人或者某件事情做出判断与评论的一种行为。小学英语学科实践活动的评价要建立在评价主体多元、评价方式科学多样的评价体系基础之上，避免传统纸笔测试评价方式的主观与片面。通过评价，帮助学生梳理、反思整个学习过程中的收获，同时也促进教师反思活动的整体设计与实施，提升学科育人能力，确保小学英语学科实践活动课程的顺利实施。

一、评价的目的与意义

小学英语学科实践活动评价实施的目的是激发学生对英语课程学习的兴趣和积极性，发现、了解学生通过参与学科实践活动在学科学习及各方面素养发展的情况，并依据学生的发展现状和学习需求，对后续实践活动的设计与实施做出适度调整和完善，不断提升学科实践活动的育人效果。

一门好的课程或者一堂好的教学到底意味着什么？不能仅从学生服从、完成教学任务来评价，而要思考学生到底从该实践活动课中收获了什么，如：

> ➤ 本次实践活动的目标是什么？是否完成了预设的目标？——目标

> ➤ 主题内容、方法和材料是否适合全班每个学生？——实施

> ➤ 课程的总体推进、时间、节奏、对学生行为的调控是否恰当？——调控

> ➤ 下一次课应怎样提高学生的学习效果？——改进

> ➤ 是否能够以此课为基本范式，设计另一个活动课程？——迁移

在每一次实践活动结束后，教师应回顾反思自己的教学设计与实施过程。下课后及时记录下教学中印象深刻的场景和瞬间、自己心里的真实感受、带给自己如此感受的原因、影响教学目标实现的因素。

二、评价的主要内容

由于学生个性特征差异显著，评价的内容不仅要关注对知识和技能的评价，还要注重对过程与方法、情感、态度、价值观的评价。

（一）学生参与实践活动的态度与合作精神

学生在活动过程中的许多外显行为能够反映出学生参与实践活动的态度和与他人合作方面的情况。如：是否积极主动参加每一次活动，并努力完成自己所承担的角色任务；是否乐于帮助同学；遇到问题时能否积极面对，自发与同学合作找到解决问题的方案并成功解决问题；能否正确对待其他同学的不同意见等。

（二）创新精神和实践能力的发展情况

对学生在活动中从发现问题、提出问题、分析问题到解决问题的全过程进行观察与评价。学生在完成活动任务过程中显示出的探究精神和实践能力，学生参与活动及解决问题的独创性和效率性等方面都可以作为评价的内容，如：解决问题是否有新意和独创性，是否从多维度思考问题等。

（三）学生在实践活动中获得的成长经验

学生在实践活动中的成长经验可以通过学生在活动中的行为表现和学习结果反映出来，如：学生的学习方法及调研方法、查阅资料、实地观察记录、调查研究、整理材料、交往与表达等。

三、评价的基本原则

评价设计是学科实践活动教学设计的一部分。教师要将评价整合到整个学习过程中，而不能仅在实践活动结束时才进行。教师要在实践活动开始时引导学生理解学习目标以及用于评价学习的标准。评价要为教师和学生提供获取并利用学习进步情况的机会。

小学英语学科实践活动评价应遵循以下原则。

（一）激励性原则

教师要充分认识到评价对于学生情感的影响。适当的评价是激发学生学习热情和强化活动效果的重要途径。评价要激发学习者的学习动机，要使学习者增强自信。要通过认可学习者的进步和成就而不是关注学习者的缺陷来实现激励的目的。评价时应突出评价对学生未来发展的建设性作用，给学生的反馈要本着使所有学生愿意学习，使学生感觉有能力学习的原则来进行。教师要鼓励学生发挥自己的个性特长，施展自己的才能，激励学生积极进取、勇于创新、勤于实践，不断促进学生学习能力的发展。

（二）参与性原则

小学英语学科实践活动的评价要注重学生亲历和全员参与，强调课程计划规定的课时活动量的参与情况和参与态度考核，即学生是否参与了活动的各环节，参与是否主动积极。同时重视学生自我评价、自觉评价。

评价要促进学生对实践活动目标和标准的理解。为了使学生的学习成就最大化，学生需要理解并能够表达他们要达到的目标，并且有意愿达成这个目标。目标明确，有助于学生积极主动地参与学科实践活动的全过程。

（三）过程性原则

学科实践活动的评价要关注学生如何学习。综合实践活动评价应特别关注学生参与活动的过程和实践体验，重视对过程的评价和在过程中的评价，并且把对学生的评价和对学生的指导紧密结合起来，要为学生提供反思学习过程的机会。采用学生自评或教师实时评价等措施，使评价贯穿于学科实践活动的整个过程。教师要设计教学策略帮助学生更好地了解作为学习者和参与者的自己。

（四）整体性原则

评价和教学是一个紧密连接的过程。教师提出问题或布置学习任务时，评价就在发生。评价要从整体出发：一方面是全面评估，既评学生的能力和知识，又评过程与方法，还评态度和价值观；另一方面是采用多种评价方式，如过程性评价与终结性评价相结合，自我评价与他人评价相结合，口头评价与书面评价相结合等。

四、评价的路径与方法

以下为学科实践活动评价的基本路径和方法，教师在实践时可以参考。

（一）评价主体多元化

传统的评价方式中，评价的话语权掌握在教师手里，学生是被评价的对象。学生自评和学生之间的互评欠缺，家长和社会各界也很少参与到评价中来。小学英语学科实践活动课程强调改变单一评价主体的现状，实现评价主体的多元化，不仅教师、教育管理者可以做出评价，学生、家长、实践活动中涉及的某些行业或领域的社会人士也可以根据具体情况进行评价。评价的设计与实施要体现促进性和发展性，要以促进学生的全面、有个性的发展和提升课程育人质量为宗旨。

（1）来自教师的反馈

学生需要老师及时并定期反馈自己的表现和学习情况。因此教师评价应该作为实践活动实施时的一项常规内容，保证学生都能够认识到这项活动的目的和效果。教师在活动中及时对学生的表现进行口头评价，这一点十分重要。教师评价学生的语言不应仅仅停留在"很好""大家任务完成得不错"这些笼统的表达方式上，还应该更加具体，特别是针对学生完成学习任务的策略、方法以及效果等方面给予客观的评价和指导。对学生完成的作品给出相应的书面评价也同样重要。

书面反馈对学生成长和发展有着重要意义和价值，在学习过程的关键环节或者成果展示环节，教师可以通过书面形式对学生的学习成果进行评价和反馈。

（2）倾听学生的声音

学科实践活动的评价主体是多元的，包括教师、学生及其他参与者和观察者。优秀的教师善于倾听来自学生对教学的感受。教师可以在实践活动结束前通过师生交流请学生表达他们对整个活动的体验。这需要预先计划和设计，以便得到来自学习者的真实声音。例如，教师可以这样提问：

➤ 通过这次实践活动你在英语学习上有什么收获？除了语言学习，还有其他收获吗？

➤ 在你和同伴共同完成任务的过程中，你们遇到过哪些困难吗？你们是如何克服和解决的？

（3）同伴教师的观察

寻求他人的建议对改进教学始终是个不错的做法。听听同伴教师对我们教学的评价与建议，对教学的改进特别有帮助。在这种情况下，你想知道的越具体也就越有价值。在教学前，教师可以预先确定希望同伴教师重点观察教学中的某个方面，设计成教学观察表，请同伴教师进行细致观察，并做出相应的记录，这样课后的评价讨论就更有针对性，更有的放矢。

（二）评价方式多样化

根据不同标准，人们把评价类型划分为诊断性评价、形成性评价、总结性评价、内部评价与外部评价等。小学英语学科实践活动课程的评价要结合活动目标，恰当运用上述评价方式，评价结果才能更加客观、准确。要合理判断活动的意义和价值，科学合理的评价方法尤为重要。以下介绍几种常用的评价方法。

（1）学生自评法

自我评估的基础是学生对标准的认识与理解以及将这种认识运用

到自己学习中的能力。和其他学习评估方法相比，这种方法能够让学生拥有更强的独立性与自主性，让学生不再完全依赖授课教师的首肯，并让他们摒弃对自己学习"非错即对"的机械判断模式。同时自我评估还能够让学生将自己在课堂上所做的一切看作真正的学习，而不是一项"任务"。如果学生认为学习是"任务"，他们会认为学习是被动的，掌握主动权的是教师。而这并不是教师所期待的。

学生自评法需要先规定评价项目和评价标准，由学生自行决策。将有关评价项目、评价标准列入表格，制成学生自评表，发给学生，学生完成自评后收回。学生自评也可采用学生自我鉴定的方法让学生自己将活动的感受、经验写出来，既看到自己成长中的进步，也为自己找到下一步努力的方向。

（2）互评法

互评法既包括学生互评也包括师生互评。

互评法在实施前也要先设计评价项目和评价标准。学生互评既可以采用学生互相评议的方式，也可采用小组讨论的方式，还可由全体学生评议各小组成员参与活动过程及完成作品的情况；师生互评是教师亲自参与整个评议活动，教师进行自我评价或者学生评价教师。

（3）成长档案袋

成长档案袋也称作成长记录袋，作为评价的工具，由学生和教师系统地搜集学生参与学科实践活动过程中的相关资料及作品，以展示学生的成长、发展的过程和成就。学生积累在成长档案袋里的作品能够真实地再现学生在理解应用、问题解决、创新实践等高层次认知行为，以及语言学习相关技能，还有学习态度、学习动机、努力情况、探索精神等情感、态度、价值观方面的表现。成长档案袋评价重视对评价对象正向的、鼓励性的、发展性的评价，是一种过程与结果兼顾的评价方法，主张在真实、自然的学习情景中进行评价。这种评价可以在教学的过程中进行，与教学紧密结合。学生通过收集和积累自己学习过程中的资料和作品，能够深刻体会到自己的成长与进步，并学习反思和审视自己的进步与努力。成长档案袋为教师最大限度地提供了学生学习与发展的重要实证素材。通过这些重要信息，教师能够清楚地看到每个学生的进步，从而为后续教学提供改进依据和调整方向。

（4）行为观察法

行为观察法可以用在日常教学中，是在客观、真实条件下观察学生的典型行为或一般行为，搜集有关学生的第一手资料，借以评价学生行为的一种评价方法。评价时需要教师或观察者在教学活动情景中进行观察，系统记录观察的结果。行为观察法的优点是获取的信息真实自然，缺点是容易以偏概全。为了避免学生被观察时状态不自然的问题，运用行为观察法时，教师或观察者应在自然状态下进行，不要让学生明显地感觉到你在观察他，否则，学生有可能做出有悖真实的行为。同时教师或观察者还要及时做好记录，追忆记录难免会漏掉部分信息，有损评价的客观和准确。

（5）成果展示法

成果展示法是指将学生的创作、设计、习作等作品或成果公开展示的评价方法。成果展示能够为学生提供一个相互交流、学习的平台。通过展示，学生可以看到自己的学习成果，也可以从同伴的作品中汲取灵感和精华，为自己找到努力的方向，增强自信心和成就感。

学科实践活动的创造性和生成性课程特征要求学校必须改变以往以课程实施者和管理者为主的单一主体评价方式，强调多元价值取向和标准。学科实践活动倡导多元的主体评价，重视对学生学习活动过程的评价，是以人为本的评价。在多元主体的参与下，学科实践活动课程的评价实现评价信息的共享与流动，营造民主、和谐的评价氛围，以促进学生的发展为评价的出发点和目标，寻求评价内容和方法的多元化。

五、评价的基本建议

学科实践活动评价应避免量化手段，采取师生之间、学生之间个性化的评价方式。在学科实践活动课程实施过程中，应努力建立起整体、多元的促进"自我反思评价"的体系，以满足学生个性全面发展的要求。

（一）突出全面导向

在基础课程教学的评价中，我们将评价焦点较多放在学生的学业测试成绩上，以学生成绩的高低来定位学生的学业成就。事实上每个学生都是鲜活而生动的个体，都会受到多种主客观因素的影响，每个学生在学科核心素养的发展水平上也存在差异。如果仅仅以学生的学业测试成绩去衡量学科核心素养水平的高低，显然是不公平的。这种不公平很有可能降低学生的学习积极性，甚至导致学生对自己产生错误定位，对自身未来发展的可能性做出错误的预估。因此学科实践活动评价不仅要关注学生对学科内容的理解与深化，更要从核心素养的各个方面去评价。通过评价，激励学生，发现学生的优势，使学生不断挑战自我，突破自身的局限，实现全面发展。

（二）突出成长导向

坚持学生成长导向，通过对学生成长过程的观察、记录、分析，促进学校及教师把握学生的成长规律，了解学生的个性与特长，不断激发学生的潜能，为更好地促进学生成长提供依据。要避免评价只重结果、不重过程的现象。

评价要帮助学习者了解如何改进自我。评价的首要目的是帮助学生改进，对于改进什么，如何改进，学生需要得到指导；教师要承认所有学生的学习成就，要让所有学生取得他们最好的成绩，并且让他们的努力得到认可。教师要以恰当的方式向学生反馈他们的学习进步和改进建议，并为学生提供改进的机会。

评价还要发展学生的自我评价能力，要通过学生的自我评价使学生成为反思学习的自我管理者。

（三）做好过程性记录

教师要指导学生客观记录参与活动的具体情况，包括活动主题、持续时间、所承担的角色、任务分工及完成情况等，及时填写活动记录单，收集相关事实材料，如活动现场照片、作品、演讲稿、剧本等。活动记录、事实材料要真实、有据可查，为学科实践活动评价提供必要依据。

在活动过程中，教师要指导学生分类整理、遴选具有代表性的重要活动记录、典型事实材料以及其他有关资料，编排、汇总、归档，形成每一个学生的综合实践活动档案袋，并纳入学生综合素质档案。档案袋是学生自我评价、同伴互评、教师评价学生的重要依据，是综合评价的重要参考。

总体来说，从评价目的来看，小学英语学科实践活动努力追求使学生的学习效果最佳化；从评价的主体来看，强调学生的主动参与；从评价的内容来看，更关注学生能力、素养的全面发展；从评价过程来看，更多体现学习的全过程；从评价方法来看，强调评价方法的多样性，要根据学习目标和评价内容选择多样化的评价方法。在进行小学英语学科实践活动评价设计时，教师要深入理解学习评价的意义和价值，设计有效的评价方法，通过评价促进学科实践活动育人目标的达成。

第四章

小学英语学科实践活动课程设计与实施案例

案例一

唱起来！嗨起来！英文歌曲大家唱

课程设计：陈梅、闫赤兵
适用年级：三、四年级

一、主题意义

音乐和语言都是因人类情感表达的需要而产生的，二者密切相关。音乐既能产生优美动听的旋律，也可以表达语言蕴含的情感，因此音乐对于语言的学习有着重要的意义和价值。认知心理学研究发现，学习者只有在身心放松、注意力集中的时候才可以高效学习。学习英语歌曲既可以激发学生的学习兴趣，集中学生的注意力，也可以丰富学生的语言知识，培养学生的语感。

学生在演唱歌曲的过程中，还可以结合歌曲的主题内容和音乐旋律，为歌曲设计伴舞动作，用自主设计的服饰、道具对歌曲进行创造性的演绎。这个过程能有效调动学生的创造性思维，使学生积极主动地与同伴团结协作共同完成一项有意义的活动。另外，歌曲演唱还可以拓宽学生的知识面，开阔学生的视野，丰富学生的课余生活，同时也为他们今后的英语学习和全面发展打下坚实的基础。

点评

小学生处于外语学习的初级阶段，外语教学方式应该符合学生的年龄特点和认知特点。著名教育家赞可夫建议教师要努力使教学充满无拘无束的气氛，使儿童和教师在课堂上能够"自由地呼吸"，如果不能营造这样良好的教学氛围，那么任何一种教学方法都不可能发挥作用。教师在课堂上要善于激发学生学习英语的兴趣，诱发学生学习热情，使学生在愉快的情绪中"乐学"，努力使学生获得积极、丰富的情感体验。

"唱起来！嗨起来！英文歌曲大家唱"是一个系列的英语学科实践活动。学生从自己喜爱的歌唱起来，在班级展示并将自己喜爱的歌推荐给班级同学，班级成员一起选择班级最受大家喜爱的歌曲，练习演唱、配舞、设计服饰和道具等，参加学校"英文歌曲大家唱"展示活动。歌唱活动体现了人人参与，团结合作，享受演唱的快乐。

唱歌学习形式寓教于乐，符合小学生活泼好动、好奇心强的特点。借助音乐的节奏与旋律激活大脑神经的兴奋点，有助于巩固对英语的记忆。在动听悦耳的曲调润泽下，在快乐的学唱中实现单词和句子的自然习得。运用唱歌方式来学习英语不仅可以创设轻松愉快的英语学习氛围，充分发掘学生英语学习的潜能，提高英语学习的效率，还能开阔学生的文化视野，树立学生的自信心。若能长期坚持，还可以建立和谐融洽的师生关系，这是教学成功的关键所在。

二、设计背景

语言学习需要丰富、大量的语言输入。英语课程应根据教和学的需求，提供贴近学生生活、贴近时代的英语学习资源。教师应创造性地开发和利用现实生活中的音像、网络资源，拓展学生学习和运用英语的渠道。

演唱歌曲是深受儿童喜爱的学习和活动方式。英语歌曲演唱有助于发展儿童语言潜能并创造语言实践机会，对学生感知力、记忆力、理解力、想象力和创造力的发展起到事半功倍的效果。英语歌曲能够营造轻松愉悦的学习氛围，缓解学生对于知识学习紧张、疲惫的心情。英语歌曲或节奏感强、朗朗上口，散发着强大的魅力，或温婉抒情，或时代气息浓厚，或为经典传承。

以往学校组织的英文歌曲演唱活动，歌曲的选择和演唱都由教师主导，排练也由教师指导，学生更多是被要求参加，缺少了自主参与，因此对参与活动积极性不高。

本实践活动的设计充分挖掘了歌曲对儿童语言学习及全面发展的育人价值，引导学生选择自己喜欢的歌曲，练习演唱，与同伴分享，继而选择班级学生喜爱的歌曲，集体学习并自主创编、表演歌曲，设计服饰、道具，最终参加学校的"英文歌曲大家唱"的演出。通过"英文歌曲大家唱"实践活动，营造浓厚的校园英语学习氛围，激发学生学习英语的兴趣，努力培养学生的创新精神和实践能力，丰富校园英语文化，建设英语学习型校园。让学生在形式多样、内容丰富的英语实践活动中，享受英语学习的乐趣。

三、教学目标

（一）在班级内演唱、分享自己喜爱的歌曲，向同伴介绍歌曲的内容及自己喜欢的原因。

（二）能自主学习演唱班级歌单中的部分歌曲，感受英文歌曲演唱的快乐。

（三）能在参加学校英语歌曲会演的过程中，主动参与设计演出服饰、道具，伴舞等活动。

（四）能在活动过程中，完成个人角色任务，并主动与同伴合作，为同伴提供支持。

四、整体规划

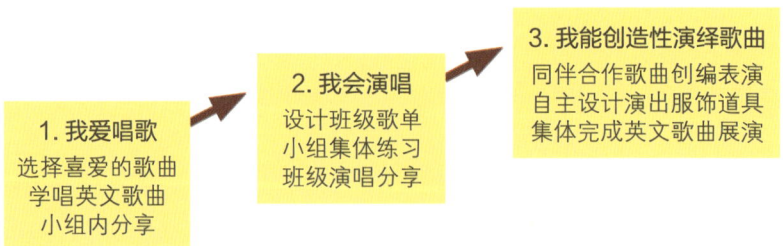

3. 我能创造性演绎歌曲
同伴合作歌曲创编表演
自主设计演出服饰道具
集体完成英文歌曲展演

2. 我会演唱
设计班级歌单
小组集体练习
班级演唱分享

1. 我爱唱歌
选择喜爱的歌曲
学唱英文歌曲
小组内分享

五、实施过程

（一）阶段1　我爱唱歌

（1）实施目标

① 能够与同伴交流喜欢的歌曲的名字、喜欢的原因及歌曲的特点。

② 能够根据自己的兴趣、语言水平，选择适合演唱的英文歌曲。

（2）实施流程

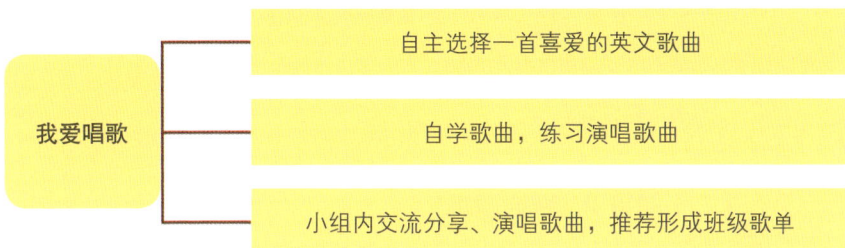

我爱唱歌
- 自主选择一首喜爱的英文歌曲
- 自学歌曲，练习演唱歌曲
- 小组内交流分享、演唱歌曲，推荐形成班级歌单

（3）实施建议

① 师生准备

教师准备：公布英文歌曲推广志愿者招募条件；鼓励学生积极参与本次"英文歌曲大家唱"英语学科实践活动；准备英文歌曲，按歌曲形式分类，如影视作品歌曲、儿童歌曲、经典歌曲……

学生准备：自主搜寻喜欢的英文歌曲。

② 具体操作

步骤一：学唱我喜爱的英文歌，学生自主学习演唱。

1）教师、学生分别呈现、推荐若干歌曲，并将歌曲的音频、视频资源向全体学生发布。

2）学生自主选择喜欢的歌曲进行练习，演唱歌曲。

步骤二：学生在小组内分享、演唱自己喜爱的英文歌曲。

1）学生在小组内表演自己喜欢并学会的歌曲。

2）小组内展示后，每个小组推荐一首全组多数同学都喜欢的歌曲向班级推荐，作为班级歌单推荐曲目。

3）小组根据成员的推选建议，确定、推选一位有演唱特长、热心指导大家演唱的英文歌曲推广志愿者。

（4）参考语言

① 学生组内展示自己所选英文歌曲，在全班展示，做介绍。

This song is called...

There are... in the song.

I listened to it when I was...

② 学生介绍自己喜欢的英文歌曲及原因。

I like this song because...

I think it's...

（二）阶段 2 我会演唱

（1）实施目标

① 学生能够分享、交流自己喜欢的英文歌曲。

② 学生能够与同伴共同完成歌曲的筛选，确定班级歌单。

③ 学生能够与同伴互助，学习、演唱班级歌单上的歌曲。

④ 学生能与小组同伴合作演唱英文歌曲，参加班级英文歌曲演唱活动。

（2）实施流程

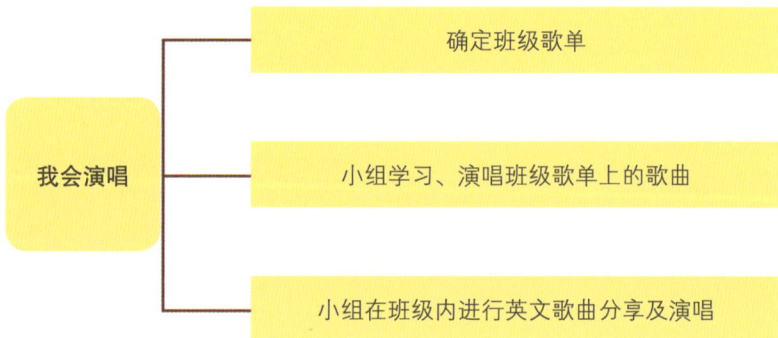

（3）**实施建议**

① 师生准备

汇总各小组推荐的班级歌单中入选歌曲的音频、视频及歌词文本。

② 具体操作

步骤一：各组推荐，形成班级歌单，全班练习演唱。

1）围绕各组推荐的英文歌曲，班级内讨论，从歌曲的节奏旋律、演唱难度、语言难度等方面，共同确定班级歌单的入选标准。

2）全班商议、确定班级歌单。

3）各组志愿者带领本组学生逐一学习歌单上的歌曲。

步骤二：班级内"英文歌曲大家唱"展示。

1）教师组织学生在班级内开展"唱起来！嗨起来！英文歌曲大家唱"展演。

2）每组选择班级歌单中最喜欢的歌曲，小组自主练习。

3）教师组织全班学生利用英语实践活动课的时间进行集体练习，以实现最佳演出效果。教师鼓励各小组成员协同合作，根据歌曲的主题和内容，自主确定演唱方式，设计演出服饰、演出道具等，体现出独特的风格。

4）各小组在班级进行英文歌曲演唱、展示。

5）小组展示后，班级进行"班级喜爱的歌曲"推荐活动，选择同学们最喜欢的3—5首歌曲，向全校推荐，为下一阶段"某某学校学生最喜爱的歌曲"推荐活动做准备。

6）各组表演结束后，教师组织学生根据师生共同制定的评价方案对各组的演唱进行评价。

（4）**参考语言**

You can... I think it's great.

I think you should...

You can... That will be better.

Why not...?

（三）阶段 3　我能创造性演绎歌曲

（1）实施目标

① 能在学校英文歌曲演唱活动中演唱自己班级的歌曲。

② 能够与同伴协作对歌曲进行创造性演唱及配舞。

③ 能够与同伴协作设计、准备参演服饰、道具。

④ 在学校英文歌曲演唱活动准备过程中，发展合作、实践、创新能力，体会英文歌曲演唱的乐趣。

⑤ 在学习、演唱歌曲的过程中，提升自身语言能力。

（2）实施流程

我能创造性演绎歌曲	班级向学校推荐英文歌曲推荐歌单，形成学校歌单
	各班选择学校推荐歌单中的歌曲进行创编和排演
	"唱起来！嗨起来！英文歌曲大家唱"文艺演出

（3）实施建议

① 师生准备

师生共同为班级所选歌曲准备音频、视频文件。

师生共同为全校英文歌曲演唱会进行环境布置。

② 具体操作

步骤一：从学校歌单中选择班级演唱的歌曲，为学校"英文歌曲大家唱"展演做准备。

1）学生收听、欣赏学校推荐歌单中的全部歌曲，共同讨论确定班级参加学校英文歌曲演唱会的表演曲目。

2）班级内学生自主排演，根据歌曲内容和主题设计演出配舞。教师在必要的时候给予支持和帮助。

3）学生合作、分工自主设计、准备演出服饰和道具。

步骤二：深度排练

1）学校为学生们提供一个公共、开放的排练场地，方便各班学生排练，同时也为最后的全校会演预热、宣传，创设氛围。

2）在公共场地排练时，其他班级的学生可以观摩，并互相鼓励，提出改进建议。

3）正式演出前，家长志愿者协助学校为演出进行筹备，为学生们的演唱进行指导。

步骤三： "唱起来！嗨起来！英文歌曲大家唱"英文歌曲展演。

1）以班级为单位，参加全校英文歌曲会演。

2）演出结束后，教师带领学生对本次实践活动的参与情况进行评价。

六、活动评价

评价内容	评价标准	自评	教师评
我爱唱歌	我能自学歌曲并能演唱一首自己喜爱的歌	☆☆☆	☆☆☆
我会演唱	我能和小组同伴共同演唱我们都喜欢的歌曲	☆☆☆	☆☆☆
我能创造性演绎歌曲	我能和同伴一起为歌曲设计演唱动作	☆☆☆	☆☆☆
	我能和同伴一起为班级设计演出服饰和道具	☆☆☆	☆☆☆
	学唱歌曲帮助我提升了英语语言能力	☆☆☆	☆☆☆

七、效果评价

【来自学生的话】

学生李：这样的英语实践活动就像过节一样，轻松快乐，完全不同于上课，但我们却一样能学到很多知识，了解许多英语文化。

学生张：我很喜欢唱歌，而且我还是学校合唱队的队员，但是我以前并不喜欢学习英语，总觉得怎么都学不会。但是通过这次英语实践活动，我不但学会了很多歌曲，还找到了适合自己学习英语的方式，英语成绩也有了大大的提升，真是一举多得！我还当上了主唱，特别开心！

学生纪：在实践活动时，我走上了舞台，虽然我的歌声并不动听，但是我的舞蹈获得了大家的一致肯定。为了编排好舞蹈，我一遍一遍地听音乐，不知不觉中我全学会了，而且唱得也越来越好。我们班获得了最佳表演奖，同学们都夸我，说我的功劳很大，我心里美滋滋的！

学生孙：我参加了英语歌曲主题活动，我刚开始时选择了一首歌曲 Never Say Never，我觉得特别好听，特别推荐给同学们，大家都觉得太难了，选择了其他歌曲。刚开始我还有些生气，但是老师给我提供了一次机会，在班级为大家演唱，同学们都为我热烈鼓掌，我觉得自己很棒！以后我还要多学英语歌，唱给大家听！

【来自教师的话】

观摩教师 1：它大大提高了学生学习英语的积极性，为学生提供了展示才华的机会，好多平时不起眼的学生展示了自己不为老师和同学所知的一面，从而获得了学好英语的自信！整个活动学生的参与性高、兴趣浓厚、高潮不断！

观摩教师2： 英文歌曲合唱为孩子们提供了一种不同于以往课堂的英语学习方式，而且给每位孩子提供了展示自己风采的舞台。在孩子们准备歌曲大赛的过程中，我们总是能在课间看到他们学唱英文歌，看到他们互相背歌词，看到他们为一个单词的发音跑到办公室来请教。那个劲头让我们英语老师特别地惊喜，这种主动积极地学习英语不正是我们英语教学一直想要达到的境界吗？

本校教师1： 这次尝试给我们英语教师今后的工作提供了一个方向，我们的英语课堂应该是以孩子为主体，让孩子感受到英语学习快乐的课堂！我们策划一切英语活动要做到充分挖掘每个学生的潜质，让每个孩子能够做到人人参与，人人快乐。

本校教师2： 此次活动为每个孩子提供轻松愉快的学习氛围，孩子们积极主动地感受英语、应用英语、享受英语；让英语走近每个孩子，让每个孩子在活动中找到自信；让英语节成为每一个孩子的节日，使他们想开口说，会说、能说、乐说；让每一位孩子在英语节中都有收获，以全面提高我校学生的英语听、说、读、写能力。

【来自家长的话】

家长1： 希望学校以后多办这样的活动，不仅给孩子们提供展现自己风采的机会，而且促进了孩子们学英语的积极性！

家长2： 此次英语实践活动，孩子们在活动中充分展示了自己的才能，获得了演出成功的快乐。作为家长，我们也感受到了学校先进的教育观念，孩子们的脸上分明写着：自信、团结、好学、健康、快乐……让人着迷，令人感动惊喜！

家长3： 通过英语实践活动，我特别感谢老师对孩子们的培养，也感谢学校给孩子们提供自我展示、提升的平台，让孩子们学到更多书本上学不到的东西，开阔视野，拓宽英语学习渠道。同时让我们这些家长也跟着孩子们一起学习了很多，让我们跟孩子们一起体验音乐会上那种快乐的氛围，陶冶了情操。无论从学习上，还是个人的成长认识上，孩子们都受益匪浅。以后会督促孩子更加努力学习，让他倍加珍惜学校提供的学习机会。

案例二

我们的"悦读"之旅

课程设计：富春媛、闫赤兵
适用年级：三、四年级

一、主题意义

　　阅读，不仅关乎心灵的壮大，也关乎人的根基与气脉。在书籍中，我们能够与遥隔千载的先人们进行精神对话；能够乘心灵之翼感悟人间百味；能够任由思维在不同知识领域探索遨游。可见，读书可以拓宽视野、怡情悦性、增长智慧、丰富阅历，是人类的无形资产。

　　而目前学生的阅读活动，从书籍的"选择""阅读"到"分享"，更多是被设计、被要求，缺少学生的自主参与。一旦离开了这些"要求"和"设计"，学生还是不具备自主阅读的能力。有鉴于此，教师将带领三、四年级学生开展主题为"我们的'悦读'之旅"的英语学科实践活动，引导学生自主体验从"选书""借书"到"护书""荐书"再到"换书"的过程，在运用语言做事情的过程中，让学生真正体验一次自主阅读之旅。

点 评

　　阅读是人们获取信息、认识世界、发展思维、获得审美体验、形成可持续发展能力的重要途径。在当今信息技术迅猛发展的时代，阅读素养的重要性尤为突出。人们需要通过高效的阅读来甄别和提取有价值的和重要的信息；人们需要养成持续阅读的习惯，形成自主学习的能力，跟上时代发展的步伐。良好的阅读素养是 21 世纪核心素养的重要组成部分，是关系到每个公民终身发展的重要因素，更是提升公民素质，增强国家竞争力的重要基础。阅读要从娃娃抓起，"我们的'悦读'之旅"英语学科实践活动从选书、借书、护书、荐书及换书等环节引导学生主动参与阅读全过程：了解图书馆的功能，尝试从图书馆借书，爱护图书、愉悦阅读、分享阅读、推荐图书。该实践活动使得阅读从个体走向群体，帮助学生形成积极的阅读体验，逐渐形成班级阅读文化，促进学校阅读文化的形成与发展。

二、设计背景

儿童时代所积累的阅读体验和养成的阅读习惯，对日后的可持续发展起着重要作用。如何让学生真正走进阅读，爱上阅读？首先要激发学生的阅读自主性，让每一个孩子从自己的兴趣特点出发，读适合自己的书，会选书、懂分享，真正体会到阅读的快乐，从"阅读"走向"悦读"。

为此，本活动设计将引导学生选择一本适合自己的英文读物，了解图书馆并尝试借书、制作图书推荐卡、交流爱护书籍妙招、开展图书交换活动。力求让学生能够通过阅读好书丰富知识，陶冶情操，启迪智慧，与书籍为伴，与经典为友，让阅读成为一种习惯。

三、教学目标

（一）通过为自己选择恰当的英文图书，了解、掌握选择图书的简易方法。

（二）通过在图书馆借书，了解图书馆的功能与借阅图书的基本流程。

（三）通过自主阅读，制作图书推荐卡，感受阅读的快乐。

（四）通过分享爱护书籍的方法，养成爱护图书的良好习惯。

（五）通过不同形式的阅读分享，提升综合语言运用能力。

（六）通过全过程体验阅读活动，形成积极的阅读体验，进而形成阅读兴趣，养成阅读习惯。

（七）能够完成实践活动的相关任务，与同伴合作，为同伴提供支持和帮助。

四、整体规划

1. 我会选书
自学微课
小组讨论
尝试选书

2. 我会借书
聆听讲解
填写任务单
尝试借书

3. 我会护书
搜集方法
小组展示
实践制作

4. 我会荐书
阅读范例
实践制作

5. 我会换书
明确规则
交换图书

五、实施过程

（一）阶段 1　我会选书

（1）**实施目标**

① 能够与人交流自己喜欢的图书及其特点。

② 能够根据自己的兴趣、语言水平，为自己选择恰当的英文图书。

（2）**实施流程**

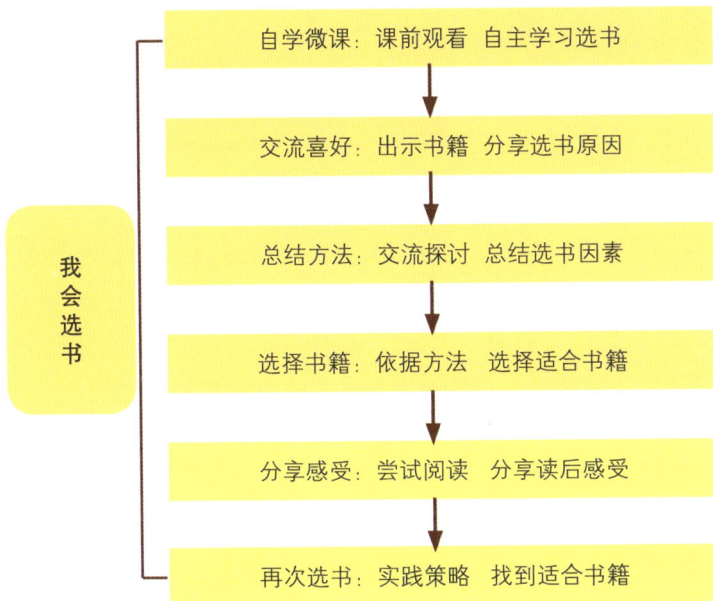

我会选书

自学微课：课前观看　自主学习选书

交流喜好：出示书籍　分享选书原因

总结方法：交流探讨　总结选书因素

选择书籍：依据方法　选择适合书籍

分享感受：尝试阅读　分享读后感受

再次选书：实践策略　找到适合书籍

（3）实施建议

① 师生准备

教师准备：

1）课前为学生下发微课"同学们，一起来读英文图画书吧"。

2）准备英文绘本，按内容分类，如故事类、自然类、历史类……

学生准备：自主学习微课，带一至两本自己喜欢的英文绘本。

② 具体操作

步骤一：初步介绍自己喜欢的书籍。教师引领学生介绍自己喜欢的书籍，并简单说一说喜欢的原因。

1）教师出示自己喜欢的一本英文绘本，并做简单介绍。

2）学生介绍自己喜欢的英文绘本及喜欢的原因。

步骤二：探讨选书方法。学生通过讨论课前自学的微课内容，归纳出选择书籍的方法。

1）小组讨论。围绕如何选择一本适合自己的图书汇总微课学习的相关信息进行讨论（教师也可以为学生提供其他形式的图书选择策略指导）。

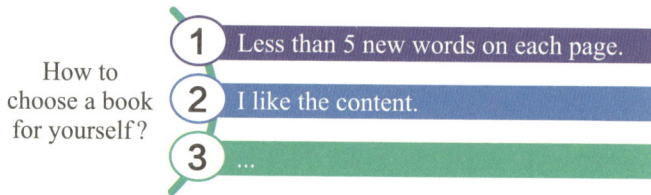

2）集体归纳。

How to choose a book for yourself?

1 Less than 5 new words on each page.

2 I like the content.

3 …

图 1 师生梳理选择英文书籍的方法

3）尝试选择。根据选书方法，在老师提供的图书中选择一本适合自己的图书。

4）试读分享。交流读后感受，谈论是否选择恰当。

　　A. 学生自主阅读。

　　B. 组内交流读后感受。

5）再次选书。调整选择方式，再次选择图书阅读，填写评价单（见阶段 1 评价量规）。

（4）参考语言

My favorite book is...

I like science/cartoon... story.

I think the book is great, because...

I want to show you my favorite book...

There are... in the book.

The language in the book is not so hard for me.

It is so interesting.

（二）阶段 2　我会借书

（1）实施目标

① 能够了解图书馆的功能、规则，尝试在图书馆借书。

② 能够了解多种阅读渠道，掌握检索、整合信息的策略，培养阅读习惯。

（2）实施流程

我会借书	集体参观：聆听介绍 了解布局 知晓规则
	自主检索：识别区域 浏览目录 寻找书籍
	分类找书：依据目录 浏览图书 选择书籍
	互助借书：阅读提示 了解步骤 尝试借阅
	分享交流：表达想法 分享建议 交流体会

（3）实施建议

① 师生准备

教师准备：

1）"走进图书馆"任务单（见阶段 2 评价量规）。

2）联系图书馆负责人员，确定参观时间与流程。

② 具体操作

步骤一：带领学生走进图书馆，参观图书馆，了解图书馆功能设施。

学生集合，由图书馆工作人员介绍图书馆功能、规则与布局等，学生边听边做记录，完成任务单中第一部分内容。

步骤二：引领学生探讨图书馆的布局，交流按类别找书的方法。

1）学生根据图书馆书目分布进行探讨。

2）阅读图书馆书目分布格局图，了解书籍分类方式与各类书籍代码。

3）找到相应书籍所在区域。

步骤三：初步尝试按照类别找到想借阅的图书，按正确操作完成借书。

1）自主选书：学生在相应区域，自主阅读，选择适合的书籍。

2）互助借书：学生阅读借阅规则，按要求登记图书资料和个人信息，相互帮助。

➤ 阅读借阅规则（见图 2）。

Borrowing Rules

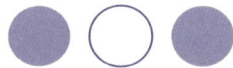

1. Take one book at a time.
2. Treat the book kindly and gently.
3. Always put the books back where you found them.
4. Share books with others.
5. Never rip or tear pages.
6. Be quiet please and speak softly.
7. Keep the library clean.

图 2 图书借阅规则

➤ 在图书借阅卡上登记信息（见表 1）。

表 1　　图书借阅卡

Borrower's Name（借阅者姓名）:	School（学校）:	
Book Name（书名）	Borrowing Date（借阅日期）	Date of Return（归还日期）

3）分享交流：学生交流借书感受及对图书馆的印象。

4）教师组织学生对本阶段活动进行评价，学生填写评价单（见阶段 2 评价量规）。

（4）参考语言

What can we do in the library?

What kinds of books do you want to look for?

How can I find out the book I want to read?

Can you try to draw a map of the library to show different areas?

This is... area.

May I borrow this book?

What is the title of the book?

What is the date today?

I like the library, because I think...

We can/can't... in the library.

（三）阶段3　我会护书

（1）实施目标

① 能够了解爱护书籍的方法。

② 能够为自己的书籍包书皮或制作书签，逐渐养成爱护图书的习惯。

（2）实施流程

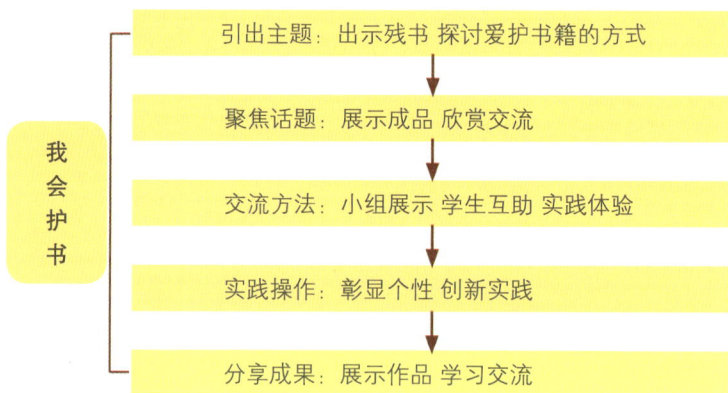

我
会
护
书

引出主题：出示残书 探讨爱护书籍的方式

聚焦话题：展示成品 欣赏交流

交流方法：小组展示 学生互助 实践体验

实践操作：彰显个性 创新实践

分享成果：展示作品 学习交流

（3）实施建议

① 师生准备

教师准备：书皮和书签的图片、一本残书或残书照片。

学生准备：

1）以小组为单位学习一种包书皮或做书签的方法。

2）彩纸、剪刀、胶条。

② 具体操作

步骤一：引出主题，教师出示残破书籍或其照片，引发学生思考应该如何保护书籍。

步骤二：聚焦话题，教师引导学生将话题聚焦到如何包书皮和制作书签上。请学生出示课前通过自学做好的书皮和书签范例。

1）学生展示制作好的书皮与书签样式（见图3）。

图 3 书皮与书签范例

2）学生探讨书皮与书签上的绘制内容。

书皮：title, author, pictures.

书签：wisdom words, pictures.

步骤三：以小组为单位向同学介绍包书皮或制作书签的方法。

1）学生示范制作书皮与书签的方法。

2）组内交流，相互介绍。

3）实践制作：学生在学习的基础上，自主创新，尝试制作自己独特的书皮或书签。

4）分享成果：学生将自己的成品在班级内展示并介绍。

5）教师引导学生对本阶段实践活动完成情况进行评价，学生填写活动评价表（见阶段 3 评价量规）。

（4）参考语言

What can we do to protect books?

· Covering the books with paper.

· Making bookmarks.

· Washing hands before reading.

I am going to make a book cover for my book.

Fold the paper, cut the paper, draw... write...

First, I want to draw/write...

Second.../Then.../Finally...

（四）阶段4　我会荐书

（1）实施目标

① 能够独立或与同伴合作，通过不同形式在班级内分享自己或小组阅读过的图书。

② 在准备和完成图书分享的过程中，主动与同伴合作，实践、创新能力有所发展。

（2）实施流程

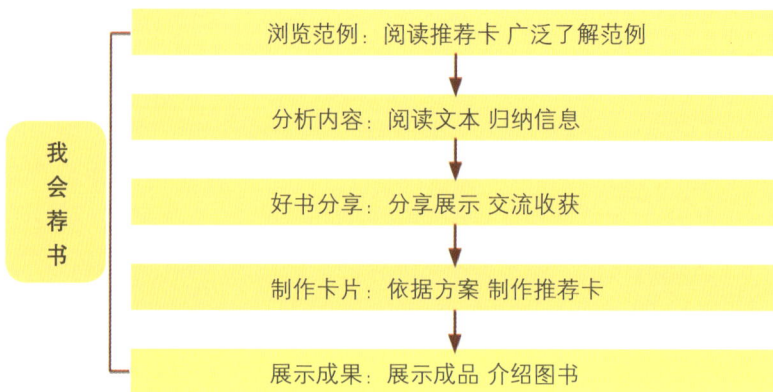

我会荐书

- 浏览范例：阅读推荐卡 广泛了解范例
- 分析内容：阅读文本 归纳信息
- 好书分享：分享展示 交流收获
- 制作卡片：依据方案 制作推荐卡
- 展示成果：展示成品 介绍图书

（3）实施建议

① 师生准备

教师准备：图书推荐卡范例。

学生准备：彩纸、彩笔。

② 具体操作

步骤一：学生自主阅读一至三本书（可结合实际设定阅读量，也可不限量）。

在设定的时间段内，学生自主选择、阅读（独立阅读、同伴阅读、与教师或家长共读）喜欢的英文图书。在此期间，教师给予有针对性的指导和帮助，确保学生理解图书的基本内容。

步骤二：教师指导学生开展"我喜欢的英文图书"推荐活动。

教师指导学生完成"我喜欢的英文图书"推荐活动。学生选择自己擅长的方式，如戏剧表演、海报介绍、图书推荐卡等，以个体或小组合作方式向同伴推荐自己阅读过的英文图书。

以下以设计、制作图书推荐卡为例，介绍此环节的图书推荐活动过程。

1）师生共同阅读、欣赏"好书推荐卡"范例，发现推荐卡上的核心信息。

2）学生在教师的引领下，讨论在设计、制作图书推荐卡时需要呈现的关键要素。

3）学生以小组为单位，梳理图书推荐卡的内容，归纳关键信息（见图 4）。

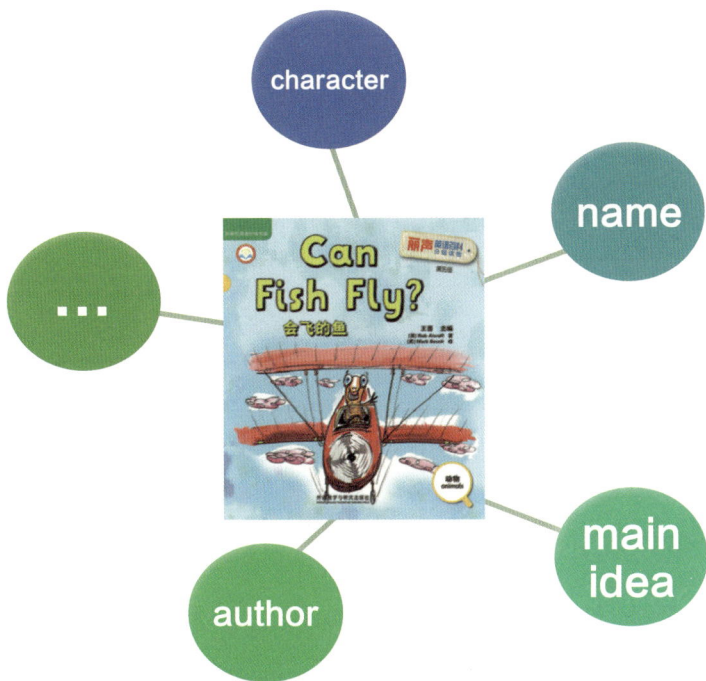

图 4 图书推荐卡的要素

4）设计、制作图书推荐卡。

A.讨论布局：浏览图书推荐卡范例（见图5），讨论卡片图案整体布局，以达到简洁、美观的效果。

B.形成设计：依据内容与布局的学习和讨论，构思自己的图书推荐卡设计思路。

C.制作卡片：根据设计思路，制作图书推荐卡。

5）展示图书推荐卡，分享图书阅读收获。

学生展示自己制作的图书推荐卡，向同伴介绍并推荐自己喜欢的图书。

教师将学生制作的图书推荐卡结集成册，悬挂于班中，供学生课余时间浏览，为选书提供帮助。

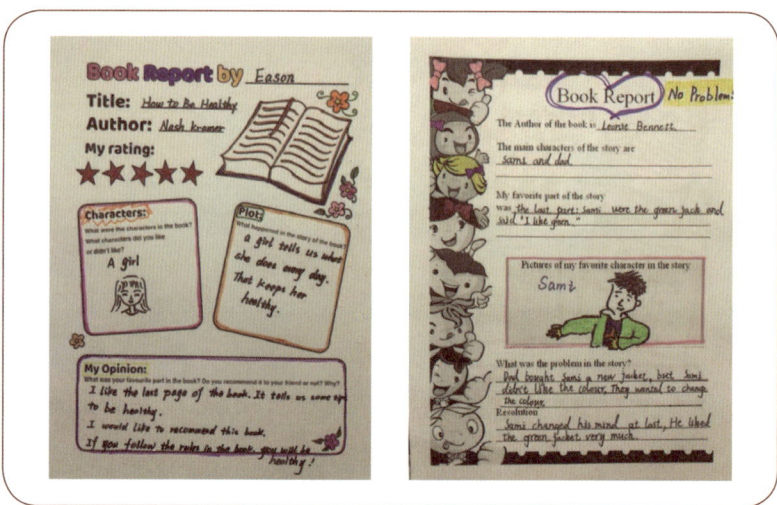

图5 图书推荐卡范例

6）教师组织学生对以上学习过程进行评价（见阶段4评价量规）。

步骤三：故事分享式的读书分享活动。

除了上面介绍的设计、制作图书推荐卡的实践活动，教师还可以组织学生通过表演故事、朗读故事等方式组织学生分享独特的阅读收获。

1）各小组确定要展示的英文图书，再次品读图书，学生就文本内容进行自主交流与探讨，对所分享的图书产生深度的理解。

2）准备剧本、撰写台词、角色分工、说明上下场安排、设计制作道具等。

3）教师巡视各组，给予学生必要的指导和帮助。

在展示活动前，教师应对表演故事和朗读故事的展示者提出建议，以使展示活动达到最佳效果。

此外，教师还应对学生观众提出观摩演出的建议，包括观看表演过程中要保持安静、静心欣赏。在每组的演出结束后，教师组织学生对同伴的展示给予及时、到位的评价。

4）教师带领学生完成此环节的评价。

（4）**参考语言**

This is my card. I want to introduce... to you.

The author of the book is...

It is about...

（五）阶段5 我会换书

（1）**实施目标**

① 能够通过换书的方式，拓宽阅读途径。

② 能够形成良好的与他人沟通的习惯。

（2）实施流程

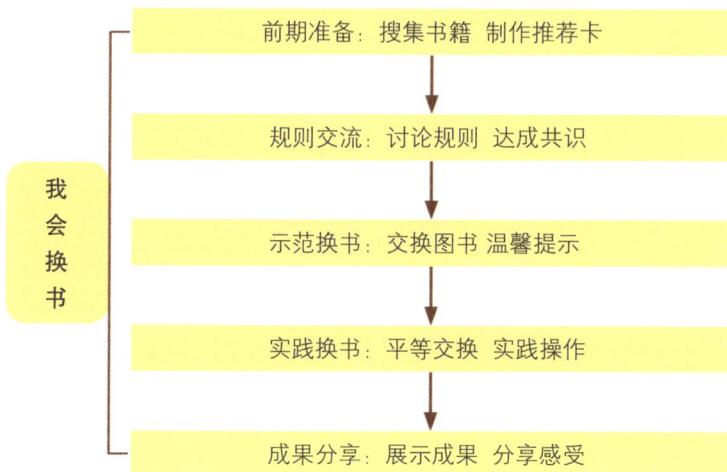

（3）实施建议

① 师生准备

教师准备：将教室桌椅摆放成马蹄形，为学生留出活动的空间。布置黑板，营造活动氛围。

学生准备：将准备交换的图书和推荐卡带到学校。

② 具体操作

步骤一： 学生在课前挑选准备交换的书籍，并制作该书推荐卡。

1）学生在小组内展示即将交换的图书推荐卡，介绍该书的内容及自己喜欢的原因（练习语言，为后面活动做准备）。

2）学生在班级内与同学相互交流，介绍自己推荐的图书和推荐卡信息。

步骤二： 教师与学生讨论、明确交换图书时应遵守的规则。

1）学生在班级内交流交换图书的步骤。

2）相互介绍图书的内容。

3）进一步询问图书内容。

4）约定交换时间周期。

步骤三：图书交换。

1）学生示范交换书籍。

2）学生从语言表达和待人接物的礼貌得体等方面进行点评，提出建议。

3）活动开始，学生自主与他人交换书籍。

4）学生介绍自己换到的书籍，分享换书的感受，填写活动评价表（见阶段 5 评价量规）。

（4）参考语言

Hi, ... I know you love to read... books. This is... This book is about...

I like your book. Can I read your book?

Of course! Your book is great!

Sorry! Your book is hard for me.

六、活动评价

阶段 1　评价量规

1. 从《同学们，一起来读英文图画书吧》微课中我了解到了： ★（1） ★（2） ★（3）
2. ★ 我喜欢的书籍类型是： ＿＿＿＿＿＿＿＿＿＿＿
3. ★★ 我选到了一本自己喜欢、难易适度的英语书：＿＿＿＿＿＿＿＿＿
5 颗星以上 👍👍👍　　　4 颗星以上 👍👍　　　3 颗星以上 👍

阶段2　评价量规

1. 根据图书管理员的介绍，我知道了在图书馆可以：

★（1）

★（2）

★（3）

2. 根据图书管理员的介绍，我知道了在图书馆不可以：

★（1）

★（2）

★（3）

3. ★★我成功地从图书馆借出了一本喜欢的书籍：＿＿＿＿＿＿＿

6 颗星以上 👍👍👍　　　5 颗星以上 👍👍　　　4 颗星以上 👍

阶段3　评价量规

1. ★★我学会了一种包书皮的方法。

2. 我知道了爱护书籍的方法：

　★（1）　　　　　　　★（4）

　★（2）　　　　　　　★（5）

　★（3）

3. ★★我自己设计、制作了一款书签。

7 颗星以上 👍👍👍　　　6 颗星以上 👍👍　　　5 颗星以上 👍

阶段4　评价量规

1. ★ 课前我搜集到了一些英文图书推荐卡片。
2. 我知道了图书推荐卡应包含的内容： 　★（1）　　　　　　　　★（4） 　★（2）　　　　　　　　★（5） 　★（3）
3. ★★ 我制作了一张图书推荐卡。
6颗星以上 👍👍👍　　　5颗星以上 👍👍　　　4颗星以上 👍

阶段5　评价量规

1. 我知道了在与人交换图书时，应注意： 　★（1）　　　　　　　　★（4） 　★（2）　　　　　　　　★（5） 　★（3）
2. ★★ 我交换到了自己喜欢的书籍。
5颗星以上 👍👍👍　　　4颗星以上 👍👍　　　3颗星以上 👍

七、效果评价

【来自学生的话】

Kate: 以前我选英文绘本都是看书店的畅销榜或者是家长给我买。有的词汇很难，有的内容我不喜欢。因此，家里虽然有很多英文绘本，我却没怎么读过。通过这次活动，我知道了怎样选一本真正适合自己的英文书。而且通过图书交换活动，我还把家里闲置的图书拿来和同学交换，换到了很多我喜欢的书籍。我真是太喜欢这样的活动了！

William: 我很喜欢读书，但是以前没想过要怎么爱护书籍，有时看一半的故事书，就随手折个角，或者边吃零食边看书，总是把书都弄得脏分分的。妈妈总说我不是在看书，而是在吃书。通过这次实践活动，我知道了要如何爱护书籍，我还创新了一种包书皮的方法。以后我要好好爱护我的书籍了，不然在图书交换会上，还真不好推销出去呢。

Randy: 在实践活动时，我走进了学校的图书馆，了解了图书馆的规则，还学会了怎样借书。图书馆里的书真多，我真恨不得住在这里面，因为我太爱读书啦！

【来自教师的话】

通过阅读实践活动，短短 5 课时的内容，我看到了孩子们很大的变化。我们都感觉到，当今社会迅猛发展，人们的生活节奏也在随之加快，孩子们也被包裹在这样的氛围中，变得有些浮躁，很少有机会花时间去"泡"图书馆。通过实践活动，引导孩子走进图书馆，告诉他们还有这样一个悠然、纯净的读书氛围，让他们去享受阅读的快乐。你会发现当孩子走进图书馆，他们的状态随之发生了变化，人变得安静了，心也会更纯净。

以前总困惑为什么孩子们读英文书籍的兴趣不高，现在明白了，原来是他们在选书环节上出了问题。一旦他们拿到了一本真正适合自己的书籍，他们真的会爱不释手。

在此次实践活动中孩子们通过亲身体验、自主感悟的方式积极主动地去探索、思考、尝试，他们的视野更开阔了，知识更丰富了，同时动手能力、创新能力、与人交往的能力都在不同程度得到了锻炼。这也激励着我们大胆创新、不断实践，开发更加丰富的实践活动内容与形式，让孩子们快乐学习，健康成长！

案例三

校园安全伴我行

课程设计：王娇、闫赤兵
适用年级：四年级

一、主题意义

"校园安全"是一个至关重要的话题。尤其是近几年在校学生安全问题成为社会各界普遍关注的热点。在日常校园生活中，我们时常能看到一些学生存在不安全行为，给校园生活埋下了安全隐患。

在本次英语学科实践活动中，教师将带领学生查找校园中潜在的安全隐患并制作安全海报和安全警示牌，以此引起全校师生对于校园安全问题的关注，同时锻炼学生主动探究和解决问题的能力。

点评

此实践活动主题的确定是基于《义务教育英语课程标准（2011年版）》中的"安全与救护（Safety and first aid）"话题下的小话题"安全守则（Safety rules）"和人教版《英语（一年级起点）》教材四年级上册第五单元 Safety 话题内容设计而成。此活动在教材内容的基础上进行延展，是比较典型的问题解决类的实践活动。

当今世界正处于一个政治、经济、科技、文化快速发展和变化的时代，人类的生存与发展时刻面临着未知与问题。学生作为未来社会公民需要具备的各项能力中最重要的就是分析问题和解决问题的能力。

此活动旨在培养学生基于英语学习，发现校园中潜在的安全隐患并对其进行分析和研究解决，力求使解决问题成为学生学习的出发点和落脚点。教师引导学生发现校园中存在的安全隐患——发现问题；师生共同讨论解决问题的最佳方案——制作安全海报和警示牌，使全校师生都能看到，起到督促、提示的作用；学生小组合作设计完成安全海报和警示牌，安置在校园醒目位置和存在安全隐患的位置。该实践活动是一个完整的发现问题、分析问题、设计解决问题的方案、解决问题的完整过程。

二、设计背景

校园安全关乎学生的身心健康发展，是全社会关注的焦点。因此加强在校学生的安全宣传教育，培养学生的自我保护能力，提高学生安全防范意识，对保护学生安全以及减少意外事故和危险的发生大有裨益。

在实际生活中，一些学生在校园生活学习中，存在许多不安全的行为和习惯。作为四年级的学生，应该具有一定的社会责任感和学校主人翁意识，积极参与到学校安全问题的预防和解决中来，主动发现问题，提出方案，并落实到行动中，通过问题解决的实践过程来为建设安全校园贡献一份自己的力量。

综上所述，从全社会的关注和需要出发，从学生的校园生活实际入手，引导学生关注身边安全隐患，参与校园安全建设，势在必行！

三、教学目标

（一）能够通过小组合作，查找、记录校内安全隐患，能用英语进行描述，并以绘画的形式进行分享和展示。

（二）能够通过小组讨论，为校园安全隐患提出预防建议。

（三）能够搜集生活中的英语安全海报和警示语，通过观察和探究认识它们的特点和作用。

（四）能够借助相关资源，用英语与同伴协商合作，共同完成制作英语安全海报和安全警示牌的任务。

（五）能够通过参与活动，发展同伴合作、动手实践和美术设计等多方面的能力。

（六）能够通过活动树立学校主人翁意识，培养社会责任感，增强全校师生安全防范意识。

四、整体规划

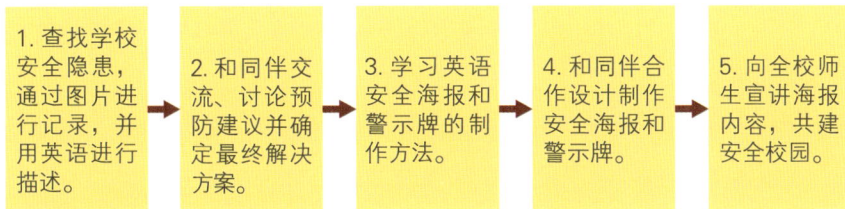

1. 查找学校安全隐患，通过图片进行记录，并用英语进行描述。 → 2. 和同伴交流、讨论预防建议并确定最终解决方案。 → 3. 学习英语安全海报和警示牌的制作方法。 → 4. 和同伴合作设计制作安全海报和警示牌。 → 5. 向全校师生宣讲海报内容，共建安全校园。

五、实施过程

（一）阶段1　查找、发现学校安全隐患

（1）实施目标

① 学生结伴实地考察校园各个区域的安全情况，发现安全隐患。

② 用文字和绘画的方式记录校园存在的安全隐患，用符号表征问题。

（2）实施流程

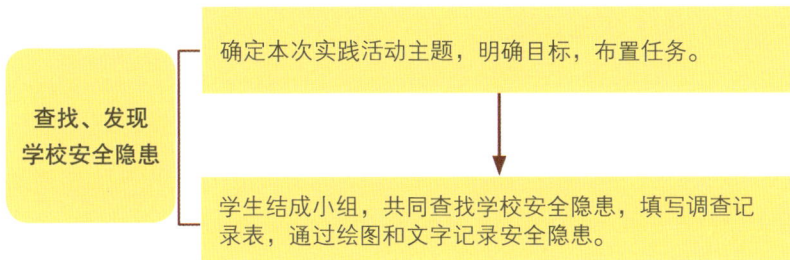

查找、发现学校安全隐患

确定本次实践活动主题，明确目标，布置任务。

学生结成小组，共同查找学校安全隐患，填写调查记录表，通过绘图和文字记录安全隐患。

（3）实施建议

① 教师准备：教师查找有关校园安全的相关信息和资料，包括图片资料和文字资料，为教学做好准备。

② 具体操作

步骤一：教师搜集有关校园安全的典型事例，引出校园安全主题。

在此基础上，教师向学生明确本次活动的目标：发现、排除校园安全隐患。

步骤二：教师给学生布置调查和记录任务。

在布置任务的时候，教师示范讲解如何填写《校园安全隐患调查表》（见阶段 1 评价量规）。

步骤三：各小组实地考察校园各个区域，进行安全隐患的查找和记录。

学生以组为单位，利用课余时间深入校园各个区域，仔细观察和查找校园中可能存在的安全隐患，如下雨天，操场和一楼门厅特别湿滑，师生容易摔倒受伤；刚清洁过的走廊、教室和厕所地面湿滑，师生也容易摔倒受伤；课间，学生在楼道走廊里跳绳、踢球、追逐打闹等不安全行为。在此基础上填写《校园安全隐患调查表》，并以绘图和文字说明的形式将所观察到的校园安全隐患进行记录。

（二）阶段 2　讨论预防建议和解决方案，设计制作安全海报和警示牌

（1）实施目标

① 理解同伴所描绘的校园安全隐患。

② 积极思考，与同伴交流排除校园安全隐患的方案。

③ 与小组同伴合作设计、制作英语安全海报和安全警示牌。

（2）**实施流程**

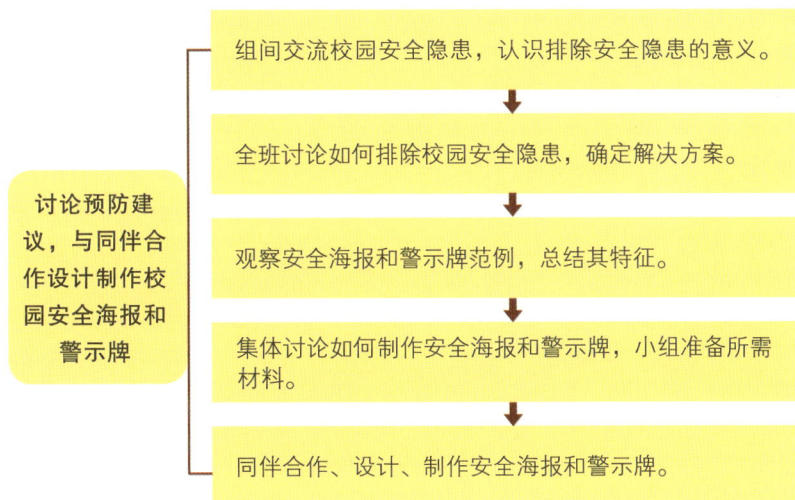

讨论预防建议，与同伴合作设计制作校园安全海报和警示牌

组间交流校园安全隐患，认识排除安全隐患的意义。

⬇

全班讨论如何排除校园安全隐患，确定解决方案。

⬇

观察安全海报和警示牌范例，总结其特征。

⬇

集体讨论如何制作安全海报和警示牌，小组准备所需材料。

⬇

同伴合作、设计、制作安全海报和警示牌。

（3）**实施建议**

① 师生准备

教师准备：网上搜集一些生活中真实的英语安全海报和安全警示牌图片。

学生准备：上一阶段所调查出的校园安全隐患（表格信息和图片）。

② 具体操作

步骤一：讨论、确定排除校园安全隐患的可行性方案。

1）引入话题，提出任务。教师以上一阶段活动所调查出的校园安全隐患（表格信息和图片）为导入，提出任务：针对以上安全隐患，讨论、确定排除校园安全隐患的可行性方案。

2）调研成果汇总。各组结合本组所记录的《校园安全隐患调查表》和所画的校园不安全行为图片，用英语描述校园内存在的安全隐患和不安全行为。然后，师生共同将各组搜集的这些安全隐患按区域和地点（如教室、走廊、水房、楼梯、操场、体育馆、电脑机房、图书馆、校园门口等）进行分类汇总。

3）分组讨论、确定方案。学生就所发现的校园真实存在的不安全行为，提出应对建议或解决方案。

4）做好记录。以小组为单位，思考讨论如何将这些安全知识在校园进行宣传和普及，让更多的同学认识到安全的重要性。在讨论的基础上，填写《小组讨论记录表》（见阶段2评价量规-1）。

5）集体分享。各组分享本组的解决方案并阐述理由，然后集体选定一个可操作性强的方案。

步骤二：了解英语安全海报和警示牌的特征。

教师引导学生观察、谈论日常生活中见到的安全海报和警示牌，鼓励学生发现并总结安全海报和警示牌的意义和特征，为接下来自己制作提供范例支持。教师引导学生初步拟定制作计划。

图 1 师生谈论安全警示牌

步骤三：小组讨论商定制作方法和步骤，准备制作安全海报和警示牌所需的工具和材料，教师明确操作要求。

1）小组拟定《英语安全海报/警示牌制作计划》（见阶段2评价量规-2）并准备制作工具和材料：选定的图片资源、

安全建议字条、瓦楞纸、A3 素描纸、双面胶、安全剪刀、马克笔、彩笔。

2）教师提出活动任务并明确要求。在任务开始前，交代清楚任务要求，即：

- Step by step.
- Speak in English.
- Work together and help each other.

步骤四：与同伴合作设计、绘制安全海报和警示牌。

通过学生组内协商、互助合作，共同完成安全海报和警示牌的制作，努力实现通过实践活动运用语言知识解决校园生活安全问题这一目标，培养互助合作和动手实践能力。

（4）**参考语言**

When it's raining, the playground/the hallway/... is very slippery.

Don't... It's dangerous. You will/might...

Don't... It's not safe.

Please... It's safe.

Be careful! /Watch out! /Look out!

We can make safety warning signs/posters /videos/...

We can use the broadcast/internet...

It's useful/interesting/fun/...

And also we can work together and help each other.

We need some crayons, glue sticks, scissors, papers and marker pens...

First, ... Next, ...Then, ... Finally, ...

Excuse me. Can I use your crayon, please? Sure, here you are.

Could you pass me the scissors, please? OK, here you are.

Can you help me write the sentences? Sure. I'd love to.

Let's make some decorations.

（三）阶段3　分享、宣传、总结

（1）实施目标

① 学生交流、分享小组成员共同完成的安全海报和警示牌。

② 将安全海报和警示牌放在相应位置，向全校师生进行安全宣讲教育。

③ 总结、梳理本次实践活动的收获。

（2）实施流程

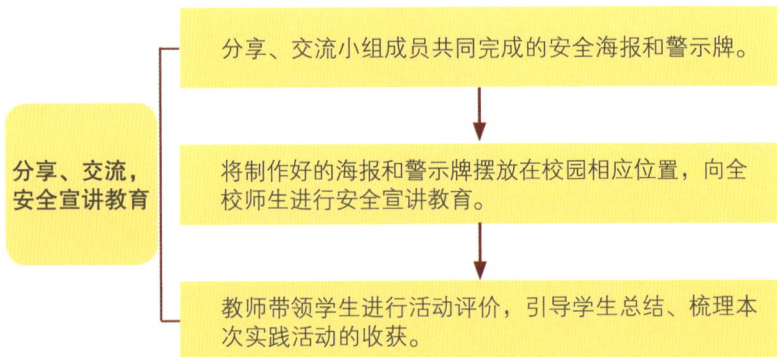

分享、交流，安全宣讲教育

- 分享、交流小组成员共同完成的安全海报和警示牌。
- 将制作好的海报和警示牌摆放在校园相应位置，向全校师生进行安全宣讲教育。
- 教师带领学生进行活动评价，引导学生总结、梳理本次实践活动的收获。

（3）实施建议

步骤一：以组为单位，组间进行安全海报介绍分享、汇报。

每组留一人当作品解说员，组内其他三名成员按一定顺序轮流到其他各组倾听和学习。倾听的学生在听完他组汇报和讲解之后表达欣赏，给予积极的口头评价及建议，并填写《学生作品评价表》（见阶段3评价量规），旨在通过组与组之间的流动分享，在更大范围内实现学生之间的分享和学习，同时在活动中让学生学会欣赏他人。

步骤二：师生将制作好的安全海报和警示牌摆放在校园相应位置。

师生一起将学生制作好的安全海报和警示牌粘在三脚架展板上，并组织大家一起将这些海报展板和警示牌放置在校园相应的位置（见图2、图3）。

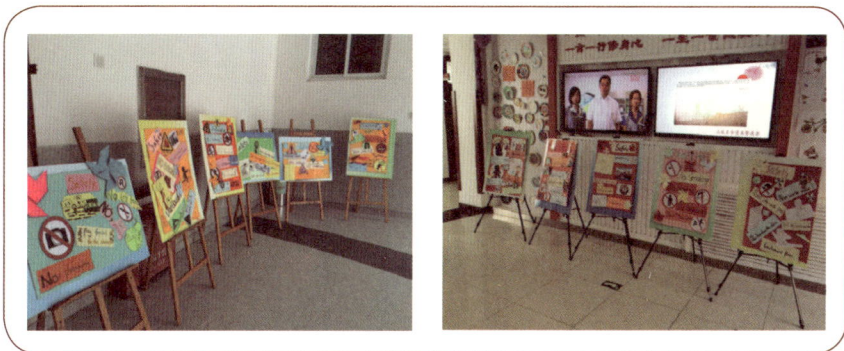

图 2 安全海报范例

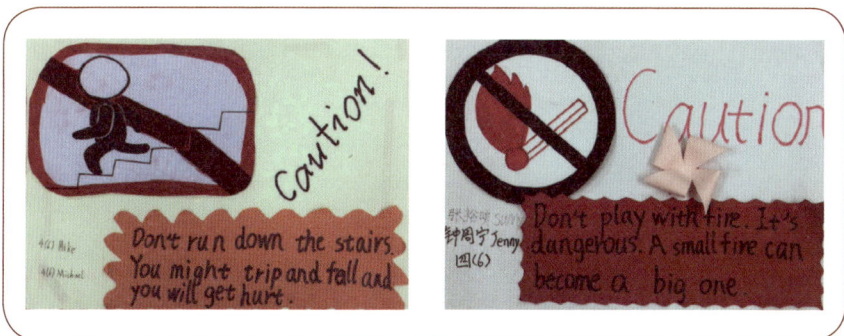

图 3 安全警示牌范例

步骤三：教师带领学生进行活动评价，引导学生总结、梳理本次实践活动的收获。

教师引导学生对本次实践活动的全过程进行自我反思与评价，引导学生发现自己在语言表达、同伴合作、完成角色任务等方面的进步。评价应以激励为主，评价的内容从语言方面延展到各项能力。合作互助的学习方式贯穿了本次实践活动的全过程，教师可以引导学生针对合作过程中自己和同伴的互助情况进行总结和评价，引导学生发现同伴对自己的帮助，发现同伴的优点，为学生合作能力的形成与发展奠定基础。

（4）**参考语言**

Look, this is our safety poster/warning sign. The title is "Safety Comes First".

These pictures and words show that, "Don't run down the stairs. It's dangerous."

Wonderful! Good job! Your poster is great.

Wow, your handwriting is beautiful.

Wow, your pictures are pretty good.

Your presentation is excellent!

I love your work!

六、活动评价

阶段 1　评价量规

Campus Safety Alert Investigation
校园安全隐患调查表

Topic 活动主题		Guide Teacher 指导教师	
Team Leader 组长		Team Members 组员	
Campus Safety Alert Records			
Classroom 教室			
Hallways 走廊			
Staircase 楼梯			
Playground 操场			
Boiler Room 开水房			
Gym 体育馆			
Other Areas 其他区域			

阶段 2　评价量规 –1

Team Meeting Record
小组讨论记录表

Group 第 _____ 组　　　　Group Leader 组长 _____

Topic 讨论主题	How to prevent these unsafe behaviors? 如何预防校园这些不安全行为?
Suggestions 应对建议	1. 2. 3. 4. …
Solution 解决方案	
Reasons 选择理由	
Tips 注意事项	

阶段 2　评价量规 –2

Plan of Making Safety Poster/Warning Sign
英语安全海报 / 警示牌制作计划

Group 第 _____ 组　　　　Group Leader 组长 _____

Features 英文安全海报 / 警示牌 特征	1. 2. 3. 4. …
Materials 材料准备	
Steps 制作步骤	1. 2 3. 4. …
Individual Work 组员分工	

阶段 3　评价量规

Evaluation of Students' Works
学生作品评价表

Group 第 _____ 组　　　Group Leader 组长 _____

Works 作品名称	Evaluation Points 评分情况				Valuer 评价人
	Design 版面设计	Pictures 图片选择	Handwriting 英文书写	Presentation 汇报陈述	

七、效果评价

【来自学生的话】

学生 1：这次英语综合实践活动很有趣，我很享受参与其中，能用学到的安全知识为学校设计英语安全海报和安全警示牌，我很自豪。我们制作的安全海报和安全警示牌能帮助更多同学意识到安全的重要。

学生 2：在这次英语综合实践活动中，我不仅锻炼了英语表达能力，而且也提高了动手能力，最重要的是我懂得了团队做事情要齐心协力才能做得更好。

学生3：我喜欢这次英语实践活动，我不仅收获了更多关于安全的知识，而且在和大家一起动手制作海报的过程中感受到了温暖和友谊，我很开心。

学生4：通过这次英语实践活动，我学会了团结合作和欣赏他人。我喜欢英语实践活动，真希望这样的实践活动能越来越多。

【来自教师的话】

教师1：学生在制作海报和安全警示牌的过程中，运用英语与同伴交流、讨论、协商、决策、分享，是在真实的交际中使用语言做事情，有助于提高学生综合语言运用能力。

教师2：这次英语学科实践活动，不管是内容设计还是任务形式都比较开放，不仅锻炼了学生的语言能力，而且也有利于促进他们的思维和情感发展，有助于培养其思考、分析和解决问题的能力。

教师3：这次英语学科实践活动的目标是多元的，教师除了关注学生的语言运用和交流，而且还关注孩子多种能力的发展和锻炼，比如协商沟通能力、动手实践能力和设计排版能力等。此外，实践活动引导学生学会欣赏他人的作品，培养互助合作意识和社会责任感。

案例四

动物守护小大使行动

课程设计：周虹、闫赤兵
适用年级：五年级

一、主题意义

动物是人类的朋友。无论是我们身边的小宠物，还是《中华人民共和国野生动物保护法》中明确规定要保护的野生动物，都需要人类的保护。但是在我们身边迫害动物的事件时有发生。

在英语教学中，学生对涉及动物的教学内容表现出浓厚的学习兴趣。学生喜爱动物，愿意为保护动物出一份力，但他们缺少有关动物保护的知识和方法。学生需要了解更多有关动物特征、生活习性的常识，从而知晓保护动物的正确方法。

为配合学校"动物保护宣传日"主题教育，开展了本次学科实践活动，旨在引导学生通过小组合作，收集不同种类动物的外貌特征、生活习性和保护方法等信息，以创编英语短剧、英语主题演讲、绘制主题宣传海报等多种形式，在班内进行交流和展示，进而向全校师生宣传动物保护的必要性和具体做法，呼吁身边更多的人参与到动物保护的行动中。

点评

人与自然是生命共同体，生态兴则文明兴，生态衰则文明衰。习近平总书记多次强调"绿水青山就是金山银山""要像保护眼睛一样保护生态环境，像对待生命一样对待生态环境"。建设美丽的生态环境不仅仅要天蓝水清地绿花香，还要鸟儿飞、马儿跑、鱼儿游……

从长远来看，要保护野生动物，第一步是培养公民敬畏自然的意识。人与自然本就是不可分割的生命共同体，伤害自然界其他物种的最终结果，必然是伤害人类自己。作为地球村的公民，我们应该教育每个人牢牢树立"保护野生动物就是保护我们自己"的意识，并将这一认识内化于心，外化于行。

动物资源是大自然留给人类的宝贵财富，是人类社会的必需资源。在地球上，任何一个生物都不可能单独生存，在一定环境条件下，它们是互相联系、共同生活的。野生动物是自然生态系统的重要组成部分，在维护自然生态平衡中起到了重要作用。保护动物意味着保护生物多样性，保护人类生存和社会发展的基石。

教师以动物保护为切入点，通过多种形式的理解、体验性活动，帮助学生积累自然常识，通过角色扮演，演绎动物的情感与生活习性，深刻理解大自然中的一切生命存在的意义与价值。

二、设计背景

《义务教育英语课程标准（2011年版）》倡导"要注重语言学习的过程，强调语言学习的实践性，主张学生在语境中接触、体验和理解真实语言，并在此基础上学习和运用语言"。本次实践活动正是一个语言学习与实践的载体，将语言学习和其他学科融合，通过保护动物这一主题巩固与动物相关的知识，同时提高学生的综合语言运用能力。

五年级的学生已经初步接触过动物话题的学习，具备一定的语言基础，对新鲜事物有浓厚的探究愿望。同时他们开始有自己独特的见解，愿意表达自己独到的观点。本实践活动力求为学生搭设实践平台，学生通过独立学习和小组合作完成各阶段的活动任务，宣传和普及动物保护的意义，倡导人们关注动物的生存现状及生存环境，为保护动物做出贡献。

三、教学目标

（一）能够选择至少一种感兴趣的动物，围绕动物的外形特征、生活环境和生活习性等方面，收集相关素材，并通过图文结合的方式记录相关信息。

（二）在教师的指导下，独立或与同伴合作，将收集到的信息创编成英语短剧、撰写成主题演讲稿或绘制主题宣传海报。

（三）在学校"动物保护宣传日"活动中独立或与同伴合作完成短剧表演、主题演讲、主题海报宣讲，传播动物保护的基本理念和方法。

（四）在与同伴合作完成任务的过程中，完成自身角色任务，为同伴提供帮助，增强分享与合作的意识。

（五）通过收集动物信息，拓展有关动物保护的知识面，初步学会收集、整理、分析信息，发现问题和解决问题的方法，养成在实践中学习的习惯。

四、整体规划

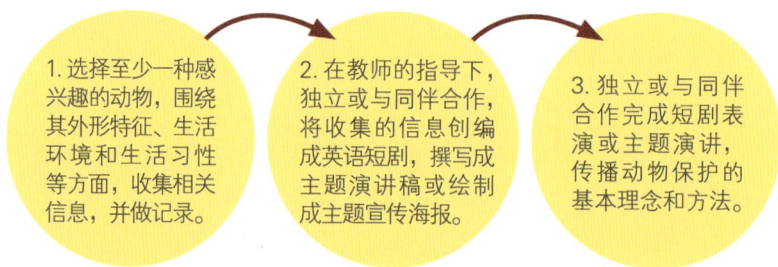

1. 选择至少一种感兴趣的动物，围绕其外形特征、生活环境和生活习性等方面，收集相关信息，并做记录。

2. 在教师的指导下，独立或与同伴合作，将收集的信息创编成英语短剧，撰写成主题演讲稿或绘制成主题宣传海报。

3. 独立或与同伴合作完成短剧表演或主题演讲，传播动物保护的基本理念和方法。

五、实施过程

（一）阶段1　了解自己喜欢的动物

（1）**实施目标**

① 选择自己感兴趣的动物，围绕其外形特征、生活环境、饮食及生活习性等方面，收集相关信息，通过图文进行记录。

② 能够主动通过各种媒介获取有关动物的信息，分析、梳理、汇总相关信息。

③ 能用英语与同伴交流、分享有关动物的信息，提高综合语言运用能力。

（2）实施流程

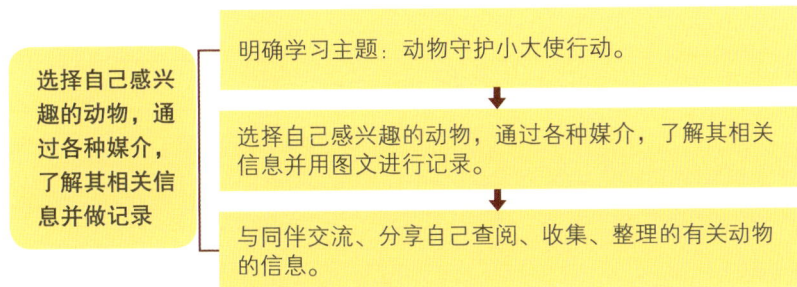

（3）实施建议

① 教师准备：提供调查信息表和评价表。

② 具体操作

步骤一：师生交流，明确学习主题。

1）教师呈现不同动物的照片，并提问：你认识这种动物吗？你喜欢它吗？你了解它吗？你最喜欢哪种动物？你能简单介绍一下它的外貌特征和生活习性吗？通过问答交流，逐步聚焦动物话题，呈现本次实践活动的主题。

2）教师呈现一组动物遭受迫害的照片，并提问：图中的动物怎么了？你看到图片的感受是什么？你最想保护哪种动物？为了保护这些动物，我们人类该做些什么？明确动物保护的学习主题，要保护动物，需要从了解动物开始。

步骤二：查找信息，记录数据。

学生们带着以上问题翻阅相关书籍，浏览网站，查找自己最喜欢、最想保护的动物的信息，如外形特征、饮食、栖息地、生活习性以及保护方法等，将查阅到的信息进行梳理和汇总，用图文结合的方式进行记录，完成《动物信息收集任务表》（见表1）。必要时语文老师和科学老师给予具体讲解和指导。在网络信息查询时，信息教师给予指导。学生在家中完成任务表时学生家长可以参与讨论、调查。

表 1   动物信息收集任务表（Animal Information）

Animals 动物名称	Appearance 外貌	Living Habits 生活习性	Protection Methods 保护方法	Source of Information 信息出处

在此环节，建议教师结合学生的学习兴趣，为学生推荐动物主题的英文绘本（见表 2），丰富学生的学习素材，为学生顺利完成对相关动物的信息查询提供支持。

表 2   动物主题的英文绘本

系列名	书名	适合年龄	封面图片
丽声英语百科 分级读物第六级	小马的一天	6~12 岁	
美国国家地理儿童英语 分级读物第二级	北极熊	6~14 岁	
丽声百科万花筒第四级	夜行动物	6~12 岁	

步骤三：交流、分享收集到的动物信息。

个人调查研究完成后，教师将学生进行分组，同组内学生用英语围绕有关动物话题进行信息交流。

（4）**参考语言**

What animals do you like? I like...

It's yellow/red...

It has a /two...

It likes to eat...

It lives in...

We should.../ shouldn't...

They are in danger now.

What can we do for them?

What should we do?

We can.../ We should...

Because of... there are only... in the world.

... are in trouble. There isn't enough... for...

（二）阶段 2　设计剧本或撰写演讲稿

（1）**实施目标**

① 与同伴合作，基于阶段 1 完成的信息表完成剧本创作，呈现某一种动物的生存现状及保护方法。

② 与同伴合作，设计撰写一个主题演讲稿并制作成演示文稿。

③ 了解剧本的构成，体验剧本创作的过程。

④ 通过撰写主题演讲稿，体会梳理信息，将信息进行结构化表达的写作过程。

⑤ 通过制作演示文稿，掌握演示文稿的设计制作方法。

⑥ 能够独立或与同伴合作，完成短剧和主题演讲中的角色任务。

（2）实施流程

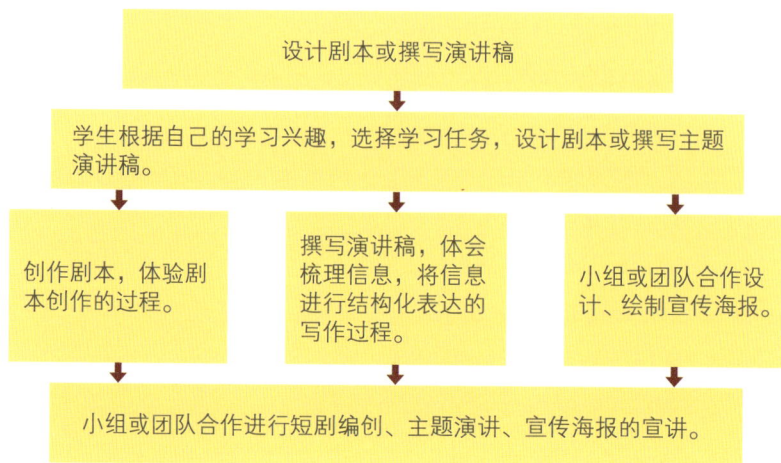

设计剧本或撰写演讲稿

学生根据自己的学习兴趣，选择学习任务，设计剧本或撰写主题演讲稿。

创作剧本，体验剧本创作的过程。

撰写演讲稿，体会梳理信息，将信息进行结构化表达的写作过程。

小组或团队合作设计、绘制宣传海报。

小组或团队合作进行短剧编创、主题演讲、宣传海报的宣讲。

（3）实施建议

① 师生准备

教师提供短剧任务表和评价表，学生提交阶段 1 的信息收集表。

② 具体操作

步骤一：教师介绍短剧或演讲报告编排的目的。

通过资料的收集与学习，学生初步了解了所喜欢动物的特点和保护方法，具备了动物保护的意识，可以通过英语短剧编创、英语主题演讲和英文海报宣讲向其他同学或公众普及动物保护的知识和方法。

步骤二：教师分组指导短剧剧本创作及主题演讲。

1）剧本创作

剧本的三要素是：矛盾冲突、人物语言、舞台说明。撰写创作剧本的基本步骤如下：

A. 选定一个具体的主题。

B. 建构戏剧的具体情节和人与某一种动物之间的矛盾冲突。

C. 编创合理的情境。

D. 运用恰当的语言、动作刻画角色形象。

撰写剧本要注意以下两点：1. 了解剧本的基本构成，如时间、地点、人物、幕次、画外音等。2. 写好人物对话，并对人物主要动作加以说明，使得人物形象生动，富有感染力。

范例：

Title: No Sale, No Killing

(Roles: daughter, father, salesgirl, salesman, narrator)

Act 1

Narrator: If one day, only human beings live on the earth, will we cry because we are lonely?

(One day, Father and his daughter go into a shopping center happily, they want to buy a gift for the girl's mom.)

Salesgirl: Welcome. What can I do for you?（导购礼貌地稍稍弯下腰，做欢迎状）

Daughter: We want to buy a birthday gift for my mom.（女孩开心地向售货员说明来意）

Salesgirl: Look at this hat. It is very suitable for cold winter. Miss, please try it on.（导购拿过一顶毛帽子，礼貌地介绍）

Daughter: It's so soft.（手摸着帽子）

Dad: It looks...（吃惊的表情）

Salesgirl: Yes, sir. It's made from the fox fur; it's very fashionable.（得意地指着帽子）

Dad: What?（惊讶地问） This gift is not suitable for us.（严肃的表情）

Salesman: We can sell it to you at a discount.（连忙过来安抚顾客情绪）

Dad: Forget it. No sale, no killing. We won't buy such things.（严词拒绝并带着女儿愤然离场）

2）主题演讲

无论是以个人形式报告，还是以小组形式报告，都要尽量详细地阐述观点。

主题演讲稿撰写的基本结构为：

A. 问候听众，自我介绍

B. 阐述背景，引入主题

C. 表明观点，深入论述

D. 结尾点题，呼吁行动

范例：

Hello! I am Eva. The topic of my speech is "Let's Protect the South China Tigers".

Do you know about the South China Tigers? The South China Tigers are a kind of mammal. They are the smallest of all the tiger subspecies. They have brown and black striped fur and sharp teeth. They live in the south of China. They like to eat small animals.

Due to human activities that destroy the natural landscape, the South China Tiger's habitat is getting smaller and smaller. It is more difficult for them to find food. Human hunting is also an important reason why the South China Tigers are in danger. They are one of the top ten most endangered animals in the world.

What should we do for them? People should realize that the loss of South China Tigers is the loss of source of knowledge and natural beauty. We should provide a suitable environment for the South China Tigers. We should reduce waste in our daily life. We shouldn't cut down too many trees. Instead, we should plant more trees. We may build some national parks for South China Tigers.

South China Tigers are our friends. We should help them enjoy their happy life. Let's work together!

Thanks for your listening!

（三）阶段3　短剧展演、主题演讲、海报宣讲

（1）实施目标

① 能在班内独立或与同伴合作完成英语短剧展示、主题演讲或宣传海报宣讲。

② 借助英语短剧展示、主题演讲、宣传海报宣讲，宣传、普及动物保护的意义和具体做法。

③ 能与同伴合作完成任务，承担责任，语言表达能力和合作能力有所发展。

（2）实施流程

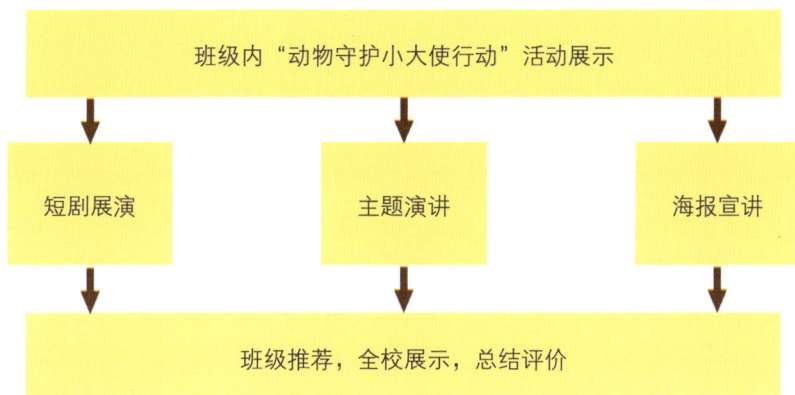

（3）实施建议

① 师生准备

教师准备：活动评价表

学生准备：展示、表演所需的演示文稿、道具、服装以及英语展示观摩记录表等。

② 具体操作

步骤一："动物守护小大使行动"主题实践活动总体介绍。

教师介绍"动物守护小大使行动"的目的和意义、师生前期共同完成的准备情况、展示环节的要求和建议、评价方法。

（注：此环节可以根据需要由学生主持，更好地体现以学生为主体的活动理念。）

步骤二："动物守护小大使行动"主题实践活动成果展示。

学生分组展示此前完成的短剧、主题演讲、宣传海报。在每组展示结束后，展示组的成员可以就展示的内容等方面与观看的同学进行现场互动。观看的同学除了认真观看，与展示组进行互动与回应，还要在每个小组展示后对小组完成展示的情况进行基本信息的记录和评价（见表3）。

表 3   展示活动观摩记录表

Team NO. 组名	Title of the Show 展示主题	Your Favorite Content 你感兴趣的内容
Team 1/ 组 1		
Team 2/ 组 2		
Team 3/ 组 3		
Team 4/ 组 4		

步骤三：学校主题教育活动展示。

班级展示后，推荐班级有代表性的作品，参加学校的"动物守护小大使行动"主题教育活动。将参加主题教育活动的学习收获填入《主题教育活动记录单》（见表4）。

表4　　主题教育活动记录单

Animals 动物名称	Protection Methods Learned 学到的保护方法

步骤四：师生总结，反思评价。

各组展示完成后，教师引导学生回顾参加本次实践活动的过程，自己的成长与进步，完成活动评价（见阶段3评价量规）。

图1　宣传海报范例

六、活动评价

阶段 3　评价量规

短剧展演、主题演讲或海报宣讲完成情况自我评价表

Name:_____ Date:_____ Title of the Show: _____	Needs Improvement	Room to Grow	Excellent Work!
Voice- Did you speak clearly and loudly enough so everyone in the audience could hear you? Did you speak to your audience, NOT your paper?			
Eye Contact- Did you look at the audience as you were speaking? Could the audience see your eyes?			
Fluency- Did you stumble over a lot of your words? Were you speaking at a good pace—not too slow or too fast?			
Actions- Did you use various expressions and get your audience involved? Did you change your voice to fit the character? Did you use any props?			

七、效果评价

【来自学生的话】

学生 1：此次学科实践活动不仅让我们学习了许多关于动物保护的知识，更让我有了用英语自由表达的自信心，也让我知道了一个人的力量永远没有一个小组的力量大。

学生 2：此次学科实践活动让我开阔了眼界，通过搜集信息，我

学会了更简便的搜索方法，更加体会到了老师说英语是一门语言工具的意义。我不仅利用英语收获了知识，也分享给了更多的同学。这使我越来越自信。

学生3：我虽然语言表达不是很好，但这次活动中所有的宣传画报和标语都是我来设计、绘制。我知道在我们小组的表演和宣传中我有多重要。以后的每项活动我都会更加积极地参加。

【来自教师的话】

英语教师：开展这样的学科实践活动，学生们脑洞大开，他们不再拘泥于课上的单一知识，积极参与活动中的各种任务。在参与活动的过程中英语真正地成了学生交流的工具，他们努力地发表着自己独到的见解、新奇的想法，大大增强了自信心。而且学生发现问题、分析问题、解决问题的能力也得到了提高。孩子们是带着心中那份责任心去参与活动，他们收获的不仅仅是知识或能力，更是内心的自豪感与成就感。

语文教师：我是语文学科的老师，也是班主任，在这次英语学科实践活动中看到了学生们不一样的一面。他们把语文课上的知识充分运用到了这次活动中，同时又把实践活动中收获的新的学习方法运用到语文学科的学习中，比如：更加细致地准备、表演课本剧，课上发言思维更活跃，写作的内容也更丰富。原来觉得英语学科的活动对语文学科学习不会有多大帮助，但实际上孩子的成长是各个领域的融通学习。

案例五

传统游戏嘉年华

课程设计：付朝辉、闫赤兵
适用年级：五年级

一、主题意义

　　游戏活动既可以锻炼身体、启迪心智，也是一种重要的社交方式。与同伴一起从事游戏活动，不仅有助于学生强身健体，也为学生的创造力与观察力等多方面能力的提高创造了机会，为学生规则意识与合作意识的形成提供了条件，同时也有助于儿童认知能力与思维能力的提高及良好个性的形成。传统游戏作为中华民族文化瑰宝的重要组成部分，对儿童身心发展有着积极的促进作用。然而，随着电子游戏的发展，传统游戏逐渐被淡忘。

　　本案例尝试将传统游戏与英语学习相结合，引导学生通过调查研究，了解父辈孩童时期的游戏内容和游戏方法，感受传统游戏的魅力；通过学习体验传统游戏，感受传统游戏的乐趣，激发学生对祖国传统文化的兴趣，加深学生对祖国文化的理解和认同。

点 评

　　此实践活动基于教材中体育运动的话题延展设计而成。游戏是运动、娱乐的方式，也是人与人情感沟通的方式。此实践活动引导学生调查了解父辈儿时的游戏，在学习、体验传统游戏的过程中，感受与同伴一起游戏的快乐，明确规则在游戏中的重要性，传播中国文化，将做自信中国人的信念植根于学生的内心。

　　学科实践活动关注学生在活动中的有效参与，而不是只热热闹闹地玩一玩，走过场。教师在实践活动过程中，既要做好实践活动的设计、组织和实施，还要从多角度、全方面评价学生。通过评价肯定学生的优点，引导学生认识到自己的优势，建立自信心。在评价中关注学生的规则意识、合作意识以及语言表达能力，引导学生做一个主动尝试，乐于分享与合作的人，同时激发学生对英语学习的兴趣。

二、设计背景

《义务教育英语课程标准（2011 年版）》特别强调了语言学习的过程，"主张学生在语境中接触、体验和理解真实语言，并在此基础上学习和运用语言"；教师应该"尽可能多地为学生创造在真实语境中运用语言的机会。鼓励学生在教师的指导下，通过体验、实践、参与、探究和合作等方式，发现语言规律，逐步掌握语言知识和技能"。英语学科实践活动正是为学生创设了真实的语言任务情景，为语言"习得"创造了机会。五年级学生已经具备基本的语言表达能力及分析问题、解决问题的能力，并乐于展现自己独到的观点。通过教师课堂观察发现，相比独立思考解决问题，学生更乐于与同伴合作完成任务。

为贯彻《国家中长期教育改革和发展规划纲要（2010—2020 年）》精神，根据教育部《关于全面深化课程改革 落实立德树人根本任务的意见》以及《北京市中小学培育和践行社会主义核心价值观实施意见》等文件要求，我校英语学科教师与体育学科教师联合设计、实施了以"传统游戏嘉年华"为主题的英语学科实践活动。该实践活动旨在帮助学生认识父辈儿时有趣的游戏活动，丰富学生的课余生活。通过与同伴一起游戏，促进学生间和谐的人际关系的形成。通过向家长学习游戏，有效促进学生和父母的情感沟通，增进学生和家长之间的彼此了解，有助于和谐家庭关系的培养。

三、教学目标

（一）通过调查与研究，初步认识、了解并能向同伴介绍父辈儿时的游戏活动。

（二）能学会至少一种父辈儿时的游戏活动，感受传统游戏的乐趣以及祖国传统文化的魅力。

（三）能与同伴合作尝试利用多种途径获取有关传统游戏的信息，发展搜集、分析与整理信息的能力。

（四）通过与同伴合作完成各阶段任务，增强合作意识。

四、整体规划

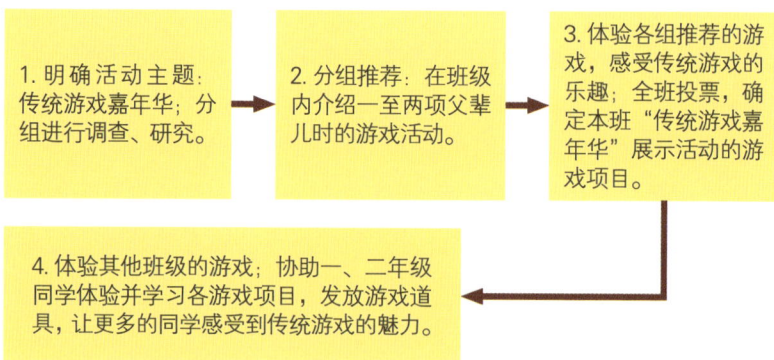

1. 明确活动主题：传统游戏嘉年华；分组进行调查、研究。

2. 分组推荐：在班级内介绍一至两项父辈儿时的游戏活动。

3. 体验各组推荐的游戏，感受传统游戏的乐趣；全班投票，确定本班"传统游戏嘉年华"展示活动的游戏项目。

4. 体验其他班级的游戏；协助一、二年级同学体验并学习各游戏项目，发放游戏道具，让更多的同学感受到传统游戏的魅力。

五、实施过程

（一）阶段1　明确活动主题，分组调查，确定本组推荐游戏

（1）实施目标

① 能够了解本次实践活动的主题和任务。

② 能够通过调查、采访身边的成年人，了解父辈儿时玩过的游戏。

③ 能够收集、整理、归纳有关传统游戏的信息，如游戏名称、规则等。

（2）实施流程

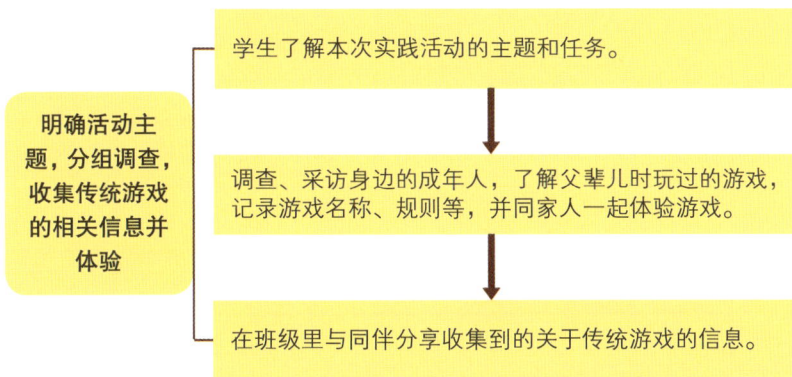

明确活动主题，分组调查，收集传统游戏的相关信息并体验

学生了解本次实践活动的主题和任务。

调查、采访身边的成年人，了解父辈儿时玩过的游戏，记录游戏名称、规则等，并同家人一起体验游戏。

在班级里与同伴分享收集到的关于传统游戏的信息。

（3）实施建议

① 师生准备

教师提前调查有关传统游戏的信息，条件允许的情况下亲身体验，并准备个人调查记录表和组内互评表；学生根据意愿组成4—5人小组。

② 具体操作

步骤一：讨论交流

引导学生明确本次实践活动的目标：学习、了解传统游戏，向全校师生推荐最适合小学生玩的游戏活动。

步骤二：自由分组

学生自由组成4—5人小组，通过访谈、阅读和网络搜索等途径，调查各种游戏活动的相关信息，完成《传统游戏活动调查记录表》（见表1）。教师引导学生关注调查的内容、方式与途径，鼓励学生与家长或朋友一起体验，并在体验后进行简单评价。

教师需在活动结束后整理各组推荐内容，并在步骤二开始前做好相关准备，如活动语言铺垫、游戏海报、演示文稿、儿歌曲目、手工制作等材料。

表 1   传统游戏活动调查记录表

Game 游戏名称	Method 调查途径	Rules 游戏规则	Evaluation 体验后评价		
			Interesting 有趣	Just So-so 一般	Hard or Boring 难，无趣

步骤三：分享筛选

组内成员进行分享，对调查结果进行筛选整理，确定本组将要推荐给其他组别的游戏。组内同伴互相评价在此阶段的表现（见阶段 1 评价量规：组内互评表）。

（4）参考语言

跳皮筋 band jumping   跳绳 rope jumping   呼啦圈 hula-hoop

踢毽子 shuttle cock kicking   弹球 marbles   跳山羊 leap frog

跳房子 hopscotch   陀螺 whipping top   跷跷板 seesaw

七巧板 jigsaw puzzle   滚铁环 rolling loop   九连环 puzzle ring

I know something about this game from...

When we play it, we need...

I can play the game with...

I think it's... because...

（二）阶段 2　分组展示，推荐游戏

（1）实施目标

① 各组能够根据游戏的特点，选择适合的方式展示和推荐。

② 在小组合作中发挥自己的特长，相互帮助，增强自信心。

（2）实施流程

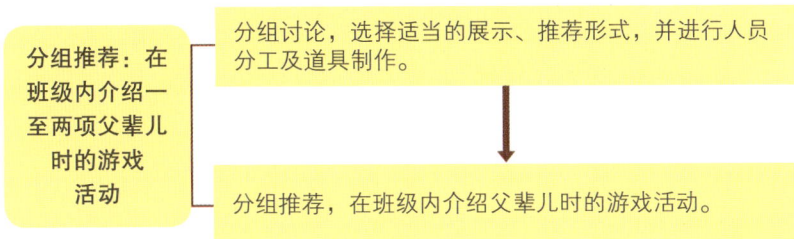

（3）实施建议

① 师生准备

教师需在阶段 1 活动结束后了解各组推荐的游戏内容，并在阶段 2 活动开始前提供所需语言；学生准备制作道具所需的材料。

② 具体操作

步骤一：小组讨论

小组成员根据本组游戏特点选择游戏展示方式，如海报、幻灯片、手工制作、儿歌演唱、游戏体验等，并进行组内分工（见表 2）。英语教师要鼓励学生向美术、英语、计算机、音乐等各学科教师寻求帮助，并及时与各学科教师联系，以便在学生需要时及早给予帮助。

表 2　　小组推荐活动分工表

Group Members 小组成员：			
Recommended Games 本组推荐游戏			
Recommended Ways 推荐方式			
Materials 所需材料			
Person in Charge 主要负责人			
Support Staff 辅助人员			

学生在语言方面需要教师的帮助，因此本阶段活动需在英语课上完成，以便教师能够及时提供帮助。对于表达中需要用到的相关词汇，教师可以鼓励学生利用词典和在线翻译软件查询。

（4）**参考语言**

leader/PPT maker/poster painter/speaker

fantastic/exciting/wonderful

We are going to introduce a game named...

When we play the game, we need to...

It's a very interesting game.

Do you want to play with us? Please vote for us.

步骤二：小组推荐

各组在全班分享、介绍本组调查的结果，包括游戏活动的名称、游戏方法、受欢迎的原因等；在小组推荐活动中，每位成员根据自己的特长选择活动任务（见表2）。

教师引导学生对本环节的完成情况进行评价（见阶段2评价量规：展示评价表）。评价环节旨在肯定学生的优点和进步，尤其是学习能力较弱、对英语缺乏信心的学生，帮助他们体会英语学习的乐趣，树立自信心。

（三）阶段3 全班体验、学习各组推荐的游戏，选出本班"传统游戏嘉年华"展示游戏

（1）**实施目标**

① 体验几种自己感兴趣的传统游戏，对游戏有更加深入的了解。

② 独立或同伴互助掌握一至两种游戏的技巧，体会传统游戏的乐趣。

③ 通过投票确定本班在"传统游戏嘉年华"展示活动中的游戏项目。

（2）实施流程

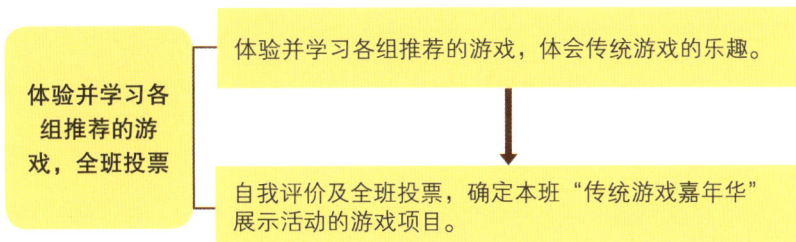

（3）实施建议

① 师生准备

教师准备：本阶段活动安排在体育课时间进行，英语教师在课前汇总各组推荐的游戏及所需材料，并与体育老师配合准备好用具。

学生准备：各小组推举四名同学提前练习好本组推荐的游戏，并负责组织和协助其他同学进行游戏体验。

② 具体操作

步骤一：

利用体育课时间，组织全班同学逐个体验各组推荐的游戏。每个项目由两名同学负责组织，并向大家讲解游戏要领。15 分钟后，更换一次负责组织的同学，以确保每个人都有机会进行游戏体验和学习。

步骤二：

体验活动结束后，老师组织学生对各个游戏进行评价（见阶段 3 评价量规：活动自我评价），并评选出本班将要在"传统游戏嘉年华"活动中展示推荐的三个游戏项目。

（四）阶段 4　"传统游戏嘉年华"体验及推广活动

（1）实施目标

① 体验其他班级的游戏，深入了解不同种类的传统游戏。

② 指导低年级同学进行游戏，分享游戏的快乐，让更多的同学体会到传统游戏的乐趣。

（2）实施流程

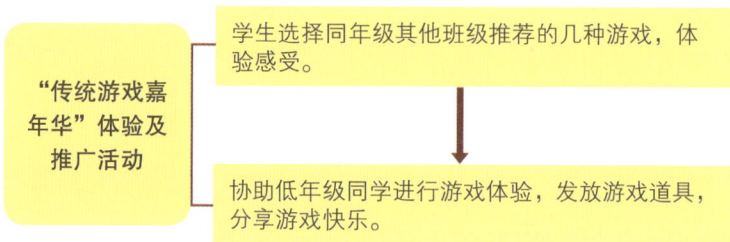

"传统游戏嘉年华"体验及推广活动

学生选择同年级其他班级推荐的几种游戏，体验感受。

协助低年级同学进行游戏体验，发放游戏道具，分享游戏快乐。

（3）实施建议

① 师生准备

师生共同准备游戏活动所需要的场地和器具。每班根据游戏的需要选出适当的人员进行组织及辅助工作。

② 具体操作

步骤一：

五年级所有学生一起参与"传统游戏嘉年华"活动，体验不同班级推荐的游戏，深刻体会传统游戏的魅力。

步骤二：

将已经学会的一项或两项传统游戏教给低年级学生，大家共同享受游戏的快乐。同时发放游戏道具，方便学生在活动结束后有更多的机会体验。

在此环节需要留意以下几点：

1）同学们是否能够比较方便又很安全地进行游戏体验？

2）要尽量选择开阔、安全的场地。

3）每个游戏活动所需的器具和环境条件不一样，教师需要综合考虑相关因素，尽量做到活动区域分开，各自不受干扰。

4）每个游戏都有其规则，同伴游戏要遵守规则。规则意识应该在游戏的过程中进行渗透。

六、活动评价

阶段 1　评价量规：组内互评表

Members 组员	Details 调查内容详细 丰富	Spoken Participation 讨论中积极发言	Asking for Help 主动求助	Teamwork 与人相处融洽

注：评价等级从高到低用 A、B、C 进行标注

阶段 2　评价量规：展示评价表

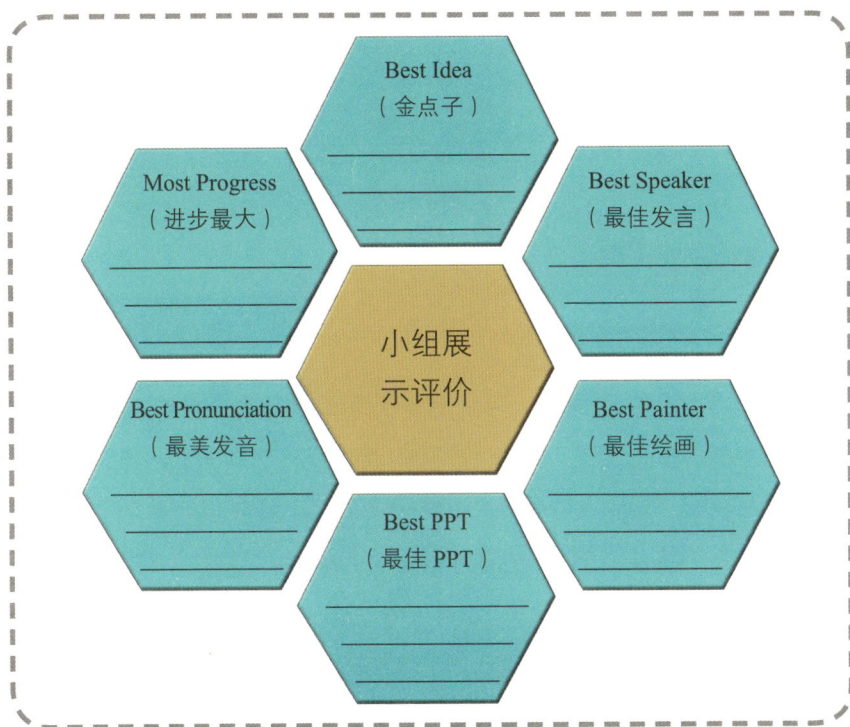

Best Idea（金点子）

Most Progress（进步最大）

Best Speaker（最佳发言）

Best Pronunciation（最美发音）

小组展示评价

Best Painter（最佳绘画）

Best PPT（最佳 PPT）

阶段 3 评价量规：活动自我评价

The Games I Like（我喜欢的游戏）：

The Games I Can Play（我会玩的游戏）：

I play _____ with _____.
I think the game is _____.

七、效果评价

【来自学生的话】

学生 1： 今天我参加"传统游戏嘉年华"活动，玩了很多游戏，玩得最开心的就是打鸭子的游戏。这个游戏很简单，也特别有趣。轮到我当"鸭子"的时候，我左闪右躲，小伙伴们一直打不到我，看着他们着急的样子，别提多开心了。希望以后能多玩这样的游戏。

学生 2： 我觉得今天的"嘉年华"活动很好，应该多办几次，劳逸结合，既可以学到知识，也可以放松玩耍，我觉得英语老师好棒，谢谢老师组织这次活动。老师棒棒哒！

学生3：今天我们和老师一起跳皮筋。刚开始，老师教了我们一种玩法，可是太难了，我们都没学会。然后我教大家的就很简单。我觉得有些孩子只会用电脑聊天，而不和朋友一起出去玩。跟同学们一起玩让我感到很开心。有个同学一直特别着急，总是跳不好，这让我知道了：做什么事都不要着急，要一步一步地做。

【来自教师的话】

英语教师：孩子们都非常喜欢这些传统形式的游戏，不仅锻炼了孩子的身体，也培养了学生之间的合作意识，还帮助孩子远离电子设备。与家长和老师一同游戏，拉近了学生与父母、教师之间的距离。本次活动将英语与其他学科相结合，有目标地练习了语言，实现了综合语言运用。

班主任：我们班的男生人数占全班人数的68%，淘气的孩子比较多。之前，每到课间休息，就担心学生因为追跑出危险。听说英语老师在搞"传统游戏嘉年华"活动，我就在课间组织孩子玩丢沙包的游戏，一个星期以后，不需要老师组织，学生也能够进行安全的游戏活动了。特别感谢英语老师的好点子！

德育主任：每学期，学校都会组织学生进行外出参观、职业体验、观看演出等实践活动，但是这次英语综合实践活动有很大不同。这次"嘉年华"活动最大的特点就是在各个环节都由学生提出问题并解决问题，教师只负责组织与指导，这就把学生从执行者转变为决策者，给学生提供了非常大的发展空间。学生通过调查、整理信息，提升了对信息的选择、加工与交流能力；在推荐游戏环节，重点培养了学生的创新思维能力。孩子的调查对象基本都是家长和邻居，这就实现了校内教育向家庭教育、社区教育的辐射。

案例六

餐桌上的蔬菜从哪里来?

课程设计：岳锦燕、闫赤兵
适用年级：五、六年级

一、主题意义

　　植物王国蕴藏着无穷的秘密：一颗小小的种子，只要有泥土、水分、阳光，它们就会长出一片片绿，开出五彩缤纷的花，结出橙黄紫绿的果。不同的蔬菜可食用的部分不同，我们餐桌上吃的是植物的哪个部分呢？五、六年级的学生，具备一定的自主学习能力和探究意识，也有一些相关的生活知识和经验。教师将带领他们开展主题为"餐桌上的蔬菜从哪里来？"的英语学科实践活动，将语言学习与真实生活连接，让学生们在实践中探索植物王国的秘密。

点 评

　　此实践活动的设计从学生的学习需求出发，较好体现了教学设计的"跨界"理念。跨学科之界：融英语、科学、数学、信息技术等学科；跨时空之界：学生的学习从教室走向菜园、超市和社区；跨角色之界：围绕蔬菜的种植，师生共同进行研究性学习，实现教学相长。此外，此活动还将个体学习和团队合作学习相结合。本活动还邀请了植物种植专业领域的家长和专家，为学生提供必要的支持。本活动教师设计了评价量规，适用于实践活动实施的不同阶段。评价量规的使用，能帮助教师了解每个活动环节的具体落实和完成的情况。教师通过评价量规反映出的信息，给予有困难的学生相应的指导和支持，尽可能使每一位学生都能够完成每一个阶段的活动，确保活动参与的有效性。本活动提供的评价量规，教师可以参照使用，也可以在此基础上进行优化和改进，选择性使用。

二、设计背景

《义务教育英语课程标准（2011 年版）》在前言部分课程基本理念中提出：丰富课程资源，拓宽英语学习渠道。英语课程应根据教和学的需求，提供贴近学生、贴近生活、贴近时代的英语学习资源。创造性地开发和利用现实生活中鲜活的英语学习资源，拓展学生学习和运用英语的渠道。

在带领学生进行英语阅读时，笔者发现多数学生对蔬菜的生长过程和可食用部分有些陌生。大多数学生没有体验过种植蔬菜或观察蔬菜的生长过程，不了解蔬菜生长的相关知识。学生们因此对该话题表现出极大的兴趣。

学校的楼顶设置了小菜园，种植了一些餐桌上常见常吃的蔬菜，如黄瓜、菜花、豆角等。正好可以利用学校的小菜园让学生观察蔬菜的生长，同时鼓励学生自己在花盆里种植一种蔬菜，观察植物从播种到萌芽、生长，再到结出果实走上餐桌的过程。

三、活动目标

（一）能够了解各种植物的一般生长过程，激发对植物生长过程的好奇心和探索的兴趣。

（二）通过定价、义卖活动培养学生的信息收集能力及与人沟通的能力。

（三）通过计算收入，讨论收入去向等问题增强理财意识。

（四）通过对植物的观察、探索和实验，培养亲近自然、关心自然、热爱自然的情感。

（五）通过小组活动，培养与人交往、合作、交流的能力。

（六）通过自己播种、呵护蔬菜生长的过程，体会农民种植的辛苦，懂得爱惜粮食。

四、整体规划

1. 师生确定实践主题，明确目标，指导分组，制定方案。 → 2. 教师带领学生分组选种、确定种植环境。 → 3. 学生开展种植实践，观察种子或幼苗的发芽和生长，及时记录。

6. 活动小结、反思，对义卖的收获进行合理分配。 ← 5. 收获蔬菜、品尝与义卖，体会劳动的意义与价值。 ← 4. 学生介绍自己所种蔬菜的成长过程，师生交流、评价。

五、实施过程

（一）阶段1 准备

（1）**实施目标**

① 认识蔬菜，了解蔬菜可食用的是植物的根、茎、叶或果实等不同的部分。

② 确定自己要种植的蔬菜并了解相关种植方法。

③ 能够根据自己选择的蔬菜组成小组。

④ 能够在小组合作中合理分工。

（2）**实施流程**

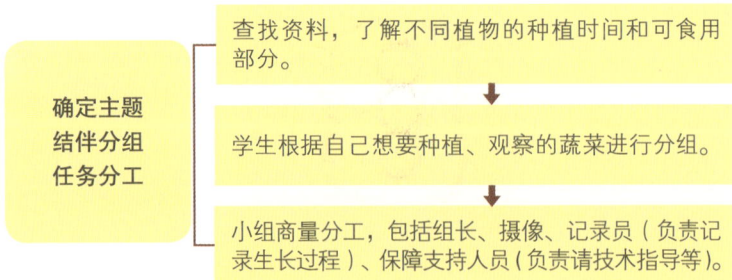

确定主题
结伴分组
任务分工

查找资料，了解不同植物的种植时间和可食用部分。

↓

学生根据自己想要种植、观察的蔬菜进行分组。

↓

小组商量分工，包括组长、摄像、记录员（负责记录生长过程）、保障支持人员（负责请技术指导等）。

（3）**实施建议**

① 师生准备

查找资料,学习了解不同蔬菜的可食用部分和种植时间及种植方法。学生选择自己想要种植蔬菜的种子,了解是否需要提前浸泡种子,如西红柿、茄子等需要提前浸泡种子并育苗,而秋葵、豆子等种子可以直接种进土壤里。

② 具体操作

步骤一：分组

学生根据自己想要观察的蔬菜分别食用的是哪个部分进行分组,可分为：Seed Group（果实组）,Leaf Group（叶菜组）,Stem Group（茎菜组）,Root Group（根部组）,Flower Group（花菜组）。

表 1　　学生小组分配单

Group 组别	Members 成员	Plants 蔬菜类别	Garden 种植园	Pot 花盆	Others 其他
Seed Group		peas，eggplants（茄子），okra（秋葵）	√		
Leaf Group		spinach（菠菜），cabbage（卷心菜）		√	
Stem Group		celery（芹菜），lettuce（莴苣）			√
Root Group		carrots，radish（萝卜）	√		
Flower Group		broccoli（西蓝花），cauliflower（菜花）	√		

步骤二：确定小组分工

1）组长（Team Leader）负责统筹安排。

2）2 名组员负责拍照（take photos）。

3）1—2 名组员负责查找资料、寻求外援（collecting information and asking for help）。

4）2 名组员负责记录生长过程（recording the process of growth）。

步骤三：确定种植地点

学生根据自己选择要观察的蔬菜，购买种子，选土壤，确定种植地点，如楼顶种植园、花盆或家庭菜地等（见表1）。

（二）阶段2　实践探究

（1）实施目标

① 能够悉心照顾自己种植的蔬菜，及时详细记录蔬菜的生长过程。

② 能够在收获后根据市场调查进行合理定价。

③ 能够将收获的蔬菜进行义卖。

④ 能够在义卖后总结反思，对义卖收入进行合理分配。

（2）实施流程

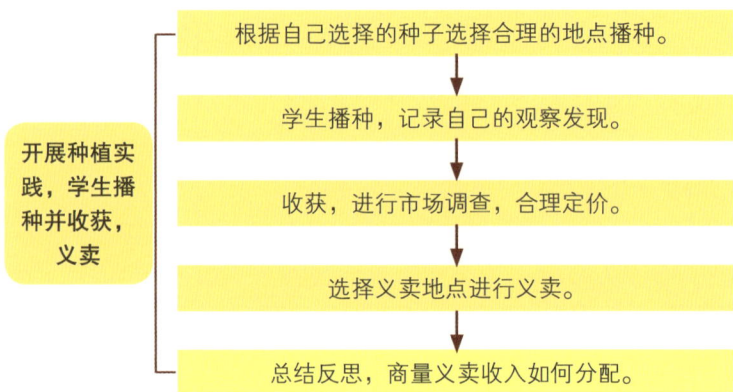

（3）实施建议

① 在从播种到收获的过程中，提醒学生及时记录蔬菜生长的过程，并鼓励学生及时观察蔬菜长势，明确是否需要浇水、施肥等。

② 邀请家委会懂种植的家长进行指导，每组请一位"种植顾问"。

③ 学生播种：记录自己所种植蔬菜的名字，播种时间与地点，完成《小组播种记录单》（见表2）。学生根据查找的关于

自己所选蔬菜的播种时间和土壤以及播种温度等信息选择合适的时间播种。如温度不合适可提示学生想办法解决，如搭塑料棚等。

表2　　小组播种记录单

Group 组别	Plant 蔬菜名称	Planting Time 播种时间	Planting Place 播种地点

小组间信息交流的语言参考：

What vegetables did you plant?

I planted _____.

When did you plant it?

I planted on _____.

Where did you plant the vegetables?

I planted in the _____.

④ 学生种植后，教师每天提醒学生观察他们的蔬菜是否需要浇水、捉虫等，鼓励学生以小组为单位利用周末或课外活动时间进入各自的种植地点进行观察和交流，详细记录蔬菜的生长过程，完成《蔬菜生长观察记录单》（见表3）。

表3　　蔬菜生长观察记录单

Plant 蔬菜名称	Date 日期	Written Record 生长变化记录	Visual Record 照片或图画

描述蔬菜生长阶段的语言参考：

seeds ➝ seedlings ➝ stems with 2 leaves ➝ stems with more leaves ➝ bloom ➝ plants

描述蔬菜生长过程的语言参考：

On March 5, the eggplant seeds get bigger than before.

On _____, the _____ seeds have sprouted.（种子发芽了）

On _____, it has two buds. It has more leaves.

On _____, the _____ seedlings are growing taller and stronger.

On _____, it is 20 centimeters tall.

On _____, I need to make a shelf for its stems.

On _____, it has flower buds. The little buds bloom.

On _____, it has yellow blossom.

On _____, the blossom has 4 petals.

On _____, the flowers are falling. The fruit is growing.

⑤ 准备收获，师生共同讨论收获的蔬菜如何安置。可将部分蔬菜分发给学生，学生可以和同伴或家人共同分享劳动的成果。可将另一部分蔬菜用来义卖，并将义卖的收入合理运作和分配。学生进行市场调查并为自己种植的蔬菜确定价格。蔬菜需要保鲜，因此建议学生在收割、摘取前先到附近的超市或市场进行价格调查，之后根据自己种植的蔬菜的品相、大小等卖点为蔬菜定价，完成《蔬菜收获记录单》（见表 4）。

表 4　　蔬菜收获记录单

Plant 蔬菜名称	Harvest Time 收获时间	Market Price 市场价格	Our Price 我的价格

汇报自己的市场调查结果及定价语言参考：

On _____, I harvested_____.

The price of this vegetable in the market is _____.

So we decide to sell it at the price of _____.

⑥ 进行市场调查，合理定价，进行蔬菜义卖。

请各小组在义卖前进行选址，选择合适的义卖地点，并鼓励学生进行适当的宣传，如制作自己小组的宣传海报等，并做好进账记录，完成《小组义卖记录单》（见表 5）。

表 5　　小组义卖记录单

Plant 蔬菜名称	Selling Place 义卖地点	Market Price 市场价格	Actual Price 实际卖出价格	Total 总计

汇报自己小组的义卖地点和义卖价格、收获语言参考：

In the afternoon of _____（日期）, our group had a charity sale at _____（义卖地点）. We harvested different vegetables,

such as peas, okra, radish and some onions. We sold the ＿＿＿＿＿＿
（蔬菜） at the price of ＿＿＿＿＿. We got over ＿＿＿＿ yuan in the
end.

⑦ 师生商量用义卖收入为贫困地区留守儿童购买图书和
玩具。

汇报自己小组的义卖收入和分配语言参考：

It is a great success. We get over ＿＿＿＿＿＿ yuan. We decide to
buy some books and toys for children in poor areas. We hope they will
like the presents. We hope everyone can give a hand and the world will
be much better.

⑧ 教师引导学生回顾并总结本次实践活动。学生先在小组内
分享自己在本次实践活动中的收获，反思自己在活动中的不足之
处，包括在小组合作方面以及在照顾蔬菜生长的过程中是否及时
浇水、间苗等。根据各小组的收获和活动过程的表现评选出先进
小组。

回顾总结实践活动收获语言参考：

I feel happy to take part in the planting practice. We have learned
a lot about what we can't learn in class. During the past three months I
took care of the vegetables and I saw them grow. I was so happy to do
that. By doing these kinds of work, I have known that it is not easy for
a seed to grow into a plant. So, we shouldn't waste food.

I have learned how to work with my group members together. We
help each other. I have learned that it is not easy to sell something to
get money.

六、活动评价

阶段 1　评价量规

学生能否完成表 1，能否选择正确的小组进行实践，能否选择合适的种植地点，做好种植的准备工作。

评价内容	A	B	C	个人评价	小组评价
根据所选蔬菜分组	能正确判断餐桌上常见的蔬菜食用的是植物的哪个部分。	能正确判断出自己所选的蔬菜可食用的是哪个部分。	能在同学的帮助下知道自己所选蔬菜食用的是哪个部分。		
小组分工	在小组合作中主动与同伴协作，承担并认真完成任务，乐于帮助他人。	在小组合作中能够完成属于自己的任务。	能在同学的帮助下完成自己的任务。		

阶段 2　评价量规 -1

学生能否完成表 2、表 3，小组成员能否按时填写自己的观察记录并能交流汇报。

评价内容	A	B	C	个人评价	组内评价
任务单填写	使用英语及时认真记录蔬菜生长变化；图片和照片资料丰富。	尽可能多地使用英语认真记录蔬菜生长变化；有照片记录。	偶尔记录蔬菜的生长变化；无照片、图片记录。		
组内交流	积极参与讨论与交流；能认真倾听他人发言。	参与组内交流；能倾听他人发言。	不敢尝试和表达自己的想法。		

（待续）

（续表）

评价内容	A	B	C	个人评价	组内评价
班级汇报	能用英语清晰描述自己所种蔬菜的日期、生长变化；能认真倾听他人发言。	能用英语描述自己所种蔬菜大体的生长变化；能倾听他人发言。	不能准确表达自己所种蔬菜的生长过程。		
与人合作	善于与同学合作，在小组活动中勇于承担，出谋划策，团结同伴。	能与同伴合作，在小组合作中能够顺利完成自己的任务。	不愿与同学合作，不听取别人的意见。		

阶段 2　评价量规 -2

　　能否完成表 4、表 5，在义卖前进行市场调查，了解市场行情并合理定价。活动中能否与人顺畅地沟通，将自己的蔬菜卖出去。

评价内容	A	B	C	个人评价	组内评价
蔬菜收获	收获的蔬菜产量高，色彩艳丽，新鲜。	能收获部分蔬菜，蔬菜长势不好。	收获数量很少或几乎没有。		
市场调查	积极进行蔬菜价格的市场调查，合理定价，善于与人沟通。	能进行蔬菜价格摸底调查，能与邻居沟通。	不敢与陌生人沟通，不能进行市场调查。		
义卖过程	善于与买家沟通，能将自己收获的蔬菜全部卖掉。	能正常与买家沟通，卖掉大部分蔬菜。	义卖过程不与人沟通，卖出去一少部分或没有卖出。		

阶段 2　评价量规 -3

能否完成汇报反思，对此次活动进行总结，分析得失。

评价内容	A	B	C	个人评价	组间评价
总结分析	能用英语流利地向同学汇报自己组的义卖收获，发表自己在这次实践活动中的收获和感言。表达清楚，自信大方。	能用英语介绍自己小组的义卖收获，总结得失。表达清楚。	在老师、组内成员帮助下尝试用英语介绍自己小组的义卖收获。		

阶段 2　评价量规 -4

根据整个实践过程中的表现，由全班同学共同推选优秀小组或组员。

评价内容	团结合作组	吃苦耐劳组	种植小能手	最佳理财组
综合评价本次实践活动	能在整个实践活动中相互支持，各成员勇于承担自己的责任并互相包容，种植成果显著。	在整个种植过程中认真观察，详细记录，记录单填写最完善。	在实践活动过程中种植出来的蔬菜品相最好，收获数量最多。	在义卖活动中头脑灵活，宣传到位，义卖收入高。
组别				

七、效果评价

【来自学生的话】

学生陈： 将种子种进花盆后，每天放学的第一件事就是去看看我的种子有没有发芽，有没有长高，早上起床的第一件事就是看看我的蔬菜。在英语课上，我们还尝试用英语交流我们所种蔬菜的变化，既学习了种植，也锻炼了英语。等我们的蔬菜收获了，妈妈说要让同学们采摘，可是我们还要义卖呢，我好期待去卖菜啊！

学生林： 这次实践活动，我选的是香菜和萝卜，一个吃的是蔬菜的茎，一个吃的是蔬菜的根。担心我的种子怕冷，我自制了塑料大棚，把它们扣在种菜盆里，天天盼着它们出苗。我和小组的成员们一起探讨怎样使我们的苗迅速生长，那些词用英语怎么表达……慢慢地，我们不光学会了很多英语单词，我们的小组成员相处也更和谐了。

【来自教师的话】

这次实践活动打破了学校的围墙限制，将一个活动化整为零，学生以小组为单位种植、研究自己选择的蔬菜，通过自己动手认识了蔬菜，学会了合作，更体会到了生活中学习英语的乐趣。希望孩子们能够将英语用到实践的方方面面，充分利用这些生活资源，把学习的积极性调动起来，用英语做事情。

【来自家长的话】

冯妈妈： 我觉得这是一次非常有创意的实践活动，是对在城市长大的孩子很有意义的自然教育。可以在播种过程中培养孩子的动手实践能力，让孩子体会培育种子的不易，蔬菜成长过程中的观察发现与耐心等待，以及收获与分享的喜悦。

李妈妈：孩子们通过亲自种植，体会陪伴小苗成长的快乐，进一步理解菜农的辛苦，不再挑食，不再浪费粮食。各班宝贝及家长朋友们积极参与，每天都有令人惊喜的图片和文字在我们的微信群里传播，引起热烈的讨论和交流，此情此景令我们非常欣慰和激动，希望我们的大小朋友们再接再厉，期待收获时的喜悦和满足！

刘妈妈：整个活动中，孩子们自己动手操作，收集、组织、整理信息，发现问题、解决问题，也让我们家长欣喜地发现原来孩子自己会尝试各种解决问题的方法。在和孩子一起种植的过程中，也让我们重新体会了童年时的乐趣，发现生活中的新亮点。

案例七

解密卡通——走进你所不知道的卡通世界

课程设计：高菲菲、郭杨、闫赤兵
适用年级：五、六年级

一、主题意义

哪吒、黑猫警长、孙悟空、功夫熊猫……这些孩子们耳熟能详的卡通形象已成为他们生活中不可缺少的朋友。事实上，卡通代表了人类天然的审美心理，也借着时代的发展生发出一股文化潮流。这种潮流因国家、时代、语言的不同而具有鲜明的特征，孩子从中体验的是不同文化价值观的冲击以及看待世界的全新方法。

点 评

视觉文化的广泛传播形成了 20 世纪 80 年代以后儿童特有的文化背景，他们是在电视和书籍的陪伴下成长起来的，是受视觉图像文化影响的一代。图像因其简洁明了的视觉特点比需要逐词逐句阅读的文字更容易被儿童接受。视觉化与生活化的卡通形象更能吸引儿童并被儿童接受。

卡通是英文 "cartoon" 的音译词。卡通的基本特点为：动感、夸张变形、图示化表现、戏剧化情节。卡通文化以其天然的儿童适宜性，几乎伴随儿童成长的全过程，对儿童的心理成长和世界观的形成起着重要的影响作用。

然而卡通文化也是一把双刃剑，可以对儿童产生正面和负面的影响。少年时期是思想和性格发展的关键时期，此时的儿童处于自主意识渐渐增强的阶段，好奇心重，偏好明显。作为流行视觉艺术的卡通文化对儿童成长的影响是长久且深远的，是儿童成长需要、心理需要，更是精神需要。教育是卡通的主要功能之一。通过卡通故事辅助儿童教育，有助于培养儿童热爱祖国、勇于探索、不畏艰险、合作进取、实践创新等优秀品格。

"解密卡通"英语学科实践活动充分挖掘卡通文化对儿童成长的积极因素，立足小学生年龄特点，将英语学科与美术学科相结合，帮助小学生了解卡通形象的基本元素，让他们设计创造自己喜爱的卡通形象，将语言的学习实践与美术素养的提升相结合。

二、设计背景

《普通高中课程标准（2017 年版）》（教育部，2018）在课程基本理念中提出："教师应设计具有综合性、关联性和实践性特点的英语学习活动，使学生通过学习理解、应用实践、迁移创新等一系列融语言、文化、思维为一体的活动，获取、阐释和评判语篇意义，表达个人观点、意图和情感态度，分析中外文化异同，发展多元思维和批判性思维，提高英语学习能力和运用能力"。英语学科实践活动的设计与实施，要确保英语学习活动观的有效落实，在促进学生综合语言运用能力的同时，实现核心素养的全面达成，实现学科育人目标。

学科实践活动的设计，需要教师寻找并创设学生实际运用语言的真实情境、任务或实际问题，引导学生在真实的情境中，完成语用任务或解决真实的问题。本次学科实践活动围绕"解密卡通"这一话题展开，学生结合体验加深对卡通角色的认识，理解其背后的意义和多元功能；通过对中外经典卡通形象的对比，体会不同国家卡通文化的价值取向与异同；通过参与创作自己心目中的卡通形象，感受不同的绘画风格与审美体验。学生全员全程参与实践活动，在实践中积累体验，丰富感知，发展实践创新能力。

三、教学目标

（一）能够用英语介绍自己喜爱的卡通角色，能够通过采访同伴，了解同伴喜欢的卡通角色及其原因。

（二）能够独立或与同伴合作表演卡通角色所在电影或动画片中的经典片段。

（三）能够独立或与同伴合作创作喜爱的卡通形象，并能用英语进行介绍。

（四）通过设计卡通形象，学生的想象力、实践创新能力实现协同发展。

（五）在与同伴合作完成任务的过程中，主动承担角色任务，为同伴提供支持，体会同伴互助的重要性。

四、整体规划

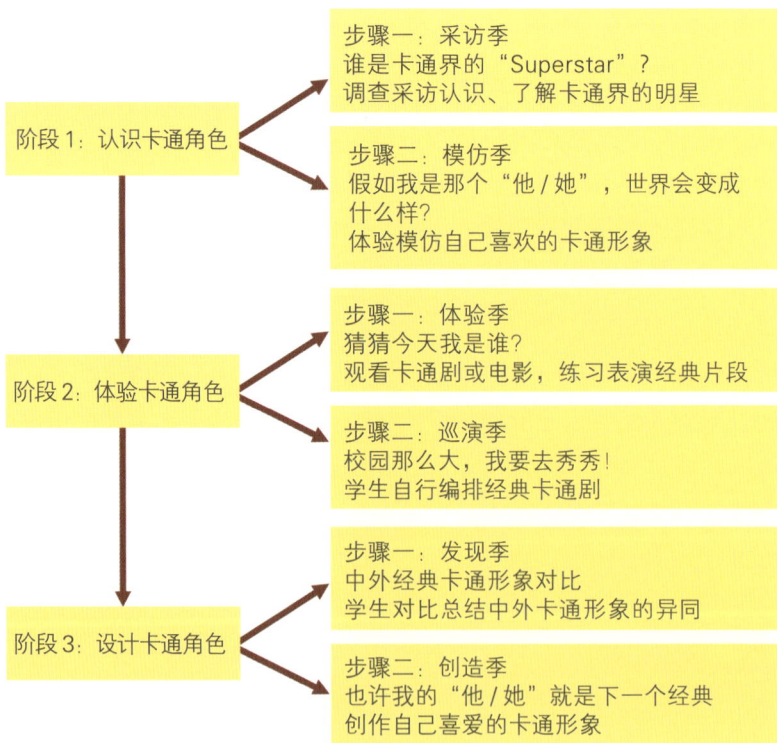

阶段1：认识卡通角色

步骤一：采访季
谁是卡通界的"Superstar"？
调查采访认识、了解卡通界的明星

步骤二：模仿季
假如我是那个"他／她"，世界会变成什么样？
体验模仿自己喜欢的卡通形象

阶段2：体验卡通角色

步骤一：体验季
猜猜今天我是谁？
观看卡通剧或电影，练习表演经典片段

步骤二：巡演季
校园那么大，我要去秀秀！
学生自行编排经典卡通剧

阶段3：设计卡通角色

步骤一：发现季
中外经典卡通形象对比
学生对比总结中外卡通形象的异同

步骤二：创造季
也许我的"他／她"就是下一个经典
创作自己喜爱的卡通形象

五、实施过程

（一）阶段1　认识卡通角色

（1）实施目标

① 通过采访、调查等活动，发现同伴喜爱的卡通角色。

② 能够用英语描述自己喜爱的卡通形象，包括：外貌、穿着、性格、能做的事情等。

③ 在收集和整理调查数据的过程中，学习数据收集与统计的方法。

（2）实施流程

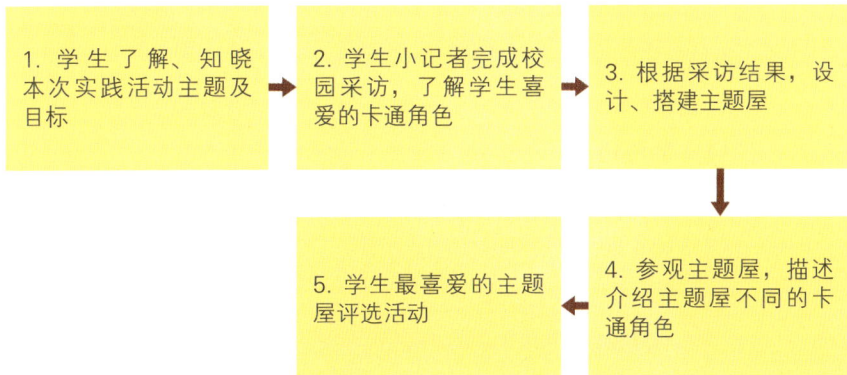

```
┌─────────────────┐   ┌─────────────────┐   ┌─────────────────┐
│1. 学生了解、知晓 │→ │2. 学生小记者完成 │→ │3. 根据采访结果，│
│本次实践活动主题及│   │校园采访，了解学生│   │设计、搭建主题屋 │
│目标             │   │喜爱的卡通角色   │   │                 │
└─────────────────┘   └─────────────────┘   └─────────────────┘
                                                      ↓
┌─────────────────┐   ┌─────────────────┐
│5. 学生最喜爱的主│← │4. 参观主题屋，描 │
│题屋评选活动     │   │述介绍主题屋不同的│
│                 │   │卡通角色         │
└─────────────────┘   └─────────────────┘
```

（3）实施建议

① 师生准备

教师准备：为学生准备手持摄像机、话筒、主题牌等材料；培训小摄影师、小主持人。

学生准备：提前了解有关卡通角色的相关信息；学习、了解录像机、录音机等设备的使用方法。

② 具体操作

步骤一：采访季——谁是卡通界的"Superstar"？

每个孩子心里都住着一个英雄或者一个公主，一个存在于卡通世界的经典。孩子知道他们的名字、故事、生活的地方，却不晓得他们的出处各有不同，创作方式五花八门。该主题通过调查学生心目中的卡通人物，进行总结概括，鼓励学生发现卡通呈现方式的不同。再依靠自己的双手与想象力创造卡通主题屋，将这种欣喜的发现展现给所有喜爱卡通的同伴们。具体操作方法如下：

1）师生交流，谈论自己看过的动画片、动画电影及故事书，交流对哪些卡通角色印象深刻。师生交流逐渐聚焦本次实践主题，教师呈现本次实践活动主题和目标，学生知晓活动目标和要求。

2）学生自主进行小组角色分工，自主推荐部分学生作为小记者，采访全校学生们各自喜爱的卡通角色，并记录相关信息。

3）学生将采访获取的数据进行整理和统计，发现全校学生喜欢的卡通角色。

（4）参考语言

Which cartoon do you like best? And why?

My favourite cartoon is...

Look, this is...

He/She is tall. He has long arms and big hands.

He/She is wearing...

He/She can...

步骤二：模仿季——假如我是那个"他/她"，世界会变成什么样？

（1）实施目标

① 根据步骤一的调查结果，学生通过讨论分析各种卡通形象的美术表现形式，确定想要创建的卡通屋主题。如动画屋、电影屋、漫画屋等。

② 学生根据小组确定的卡通屋主题，制作卡通屋代表人物宣传海报。

③ 学生根据卡通屋主题，装饰主题屋。

④ 学生通过在各自主题屋装扮、表演卡通人物形象，体会这种艺术活动夸张、变形、喜剧性等特征。

（2）实施建议

① 师生准备

教师准备：主题屋需要的装饰品、表演服饰以及相关道具。

学生准备：提前讨论喜爱角色的表现形式，有目的地准备制作海报的相关材料。

② 具体操作

从心理学角度出发，让学生用一种原始儿童型的眼光看待世界，激发学生内心深处的表现欲望。通过主题屋的设计、装饰，深入了解卡通的内涵，使学生了解卡通不只是一种独立而流行的绘画样式或形象，而是作为一种表意方式对所有动画、漫画形式和风格的统称。每个卡通形象都是带有叙事功能的美术表现形式。

假如你是那个"他/她"，分享变装后的心情。比如创建以狮子王、白雪公主为主题的卡通屋，学生进入该主题屋，深入了解电影卡通人物的世界。具体操作方法如下：

1）小组交流，确定卡通屋主题。学生以小组为单位，讨论各自喜爱的卡通角色。通过讨论、分析，确定本组想要呈现以及表演的卡通主题。比如模仿电影卡通形象、漫画卡通形象等。

2）小组合作，制作海报，装饰卡通屋。小组确定卡通屋主题后，通过搜集相关材料，制作宣传海报。根据卡通屋主题特点，搜集相关装饰元素，对卡通屋进行装饰。

3）模仿表演卡通人物。学生着表演装，佩戴道具及相关物品，在卡通屋模仿与表演。

4）评选最喜爱的卡通屋。活动结束后，组织参观，进行"最喜爱的卡通屋"评选活动（见阶段 1 评价量规：认识卡通评价量规）。

(3) **参考语言**

Excuse me. Where is the...?

He is a/an... He is famous for...

He/She comes from...

He/She is good at...

I like... because...

（二）阶段2 体验卡通角色

卡通作为一项综合的艺术，通过动作、造型、语言等多种表现手段共同塑造经典形象。此外，卡通作为一种意识形态载体，具有重要的文化功能，能够潜移默化地渗透和影响其观众价值观的构建。很大程度上，经典卡通形象代表一个国家、一个民族的精神文化。拥有着古老文明和灿烂文化的中国，其卡通形象以其特有的文化特性深深影响着一代又一代的青少年们。

（1）**实施目标**

① 学生将自己装扮成心中喜欢的卡通角色，用英语向同伴介绍自己的角色形象。

② 独立或与同伴合作向其他同学表演、展示自己所扮演的角色在电影或动画中的经典片段。

③ 通过观摩同伴的表演，了解、认识更多的卡通角色，体会角色特征。

（2）**实施流程**

| 1.猜猜我是谁？装扮我心目中的卡通角色 | → | 2.独立或与同伴合作练习表演该角色在动画片或电影中的经典片段 | → | 3.班级或学校范围内展示、分享 |

（3）**实施建议**

① 师生准备

教师准备：经典电影或动画片的视频素材。

学生准备：所扮演的卡通角色的服装、音乐和道具等。

② 具体操作

学生自主或在教师的组织下，观看学生所扮演的卡通角色所在的电影或动画片，全方位地体会英语语言及卡通角色的魅力。学生将自己设定为其中的卡通角色，着装扮相，释放天性。

角色扮演为学生提供了浸入式的英语学习环境。学生能在更轻松的氛围中掌握英语的发音、节奏和韵律，在自然环境下习得语言。在安全开放的环境中，内向、害羞的学生也能学会放松，从而找到学习的乐趣，树立自信心，调动积极性。

步骤一：体验季——猜猜今天我是谁?

1）学生选择自己最喜欢的卡通角色，将自己装扮成该角色形象。

2）请同伴猜一猜自己所扮演的卡通角色，用英语向同伴介绍自己所扮演的卡通角色。

3）观看该角色所在的动画片或电影，选择一个自己最喜欢、最经典的片段或情节。

4）独立或与同伴合作，自主选择人物、剧本，练习表演该角色在电影或动画片里的经典片段。

步骤二：巡演季——校园那么大，我要去秀秀!

1）在全班或全校展示自己或与同伴合作的经典片段。此环节也可以安排在每周固定的时间，以班级巡演的方式为学生搭建展示的平台。

2）师生交流，小结。教师引导学生完成此阶段活动的评价（见阶段2评价量规：体验卡通评价量规）。

（三）阶段3 设计卡通角色

（1）实施目标

① 发现不同国家的典型卡通形象，梳理、描述这些卡通形象的异同。

② 通过梳理不同国家的典型卡通形象，从跨文化视角体会不同国家文化、价值观的异同。

③ 独立或与同伴共同设计一个新的卡通形象，并用英语进行描述与介绍。

④ 在设计卡通形象的过程中，体会运用色彩、线条装饰表现卡通角色的突出特征，有意识地使人物外在形象与性格特征保持一致。

（2）实施流程

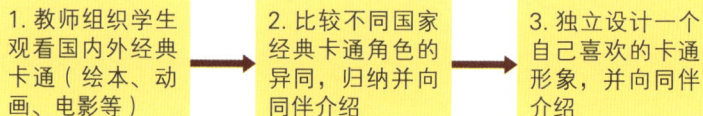

1. 教师组织学生观看国内外经典卡通（绘本、动画、电影等） → 2. 比较不同国家经典卡通角色的异同，归纳并向同伴介绍 → 3. 独立设计一个自己喜欢的卡通形象，并向同伴介绍

（3）实施建议

① 师生准备

教师准备：国内外著名卡通绘本、推荐书单、相关音视频等。

学生准备：经典卡通形象的图片、彩笔、纸张等绘制材料。

② 具体操作

步骤一：发现季——中外经典卡通形象对比

卡通创造了许多生动的形象，卡通形象的背后是文化元素。教会学生尊重多元文化的同时，也要树立民族自豪感。具体操作方法如下：

1）教师与学生交流，引出学生喜爱的卡通角色。

2）学生独立或与同伴合作，就喜欢的中外卡通角色进行对比，如外貌着装、性格特征、能力特长等典型特征。学生将讨论结果填入鱼骨图（见图1）或维恩图（见图3）中进行呈现。

A. 鱼骨图在此应用的基本方法：学生选择两个或几个卡通形象，分别放入鱼骨图分界线的两侧，通过讨论总结卡通形象的不同特点，按相互对应的形式进行罗列，形成作品（见图2）。

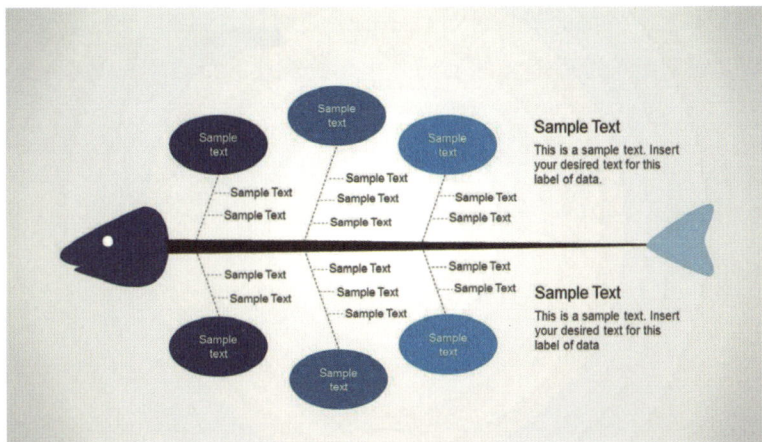

图 1 鱼骨图

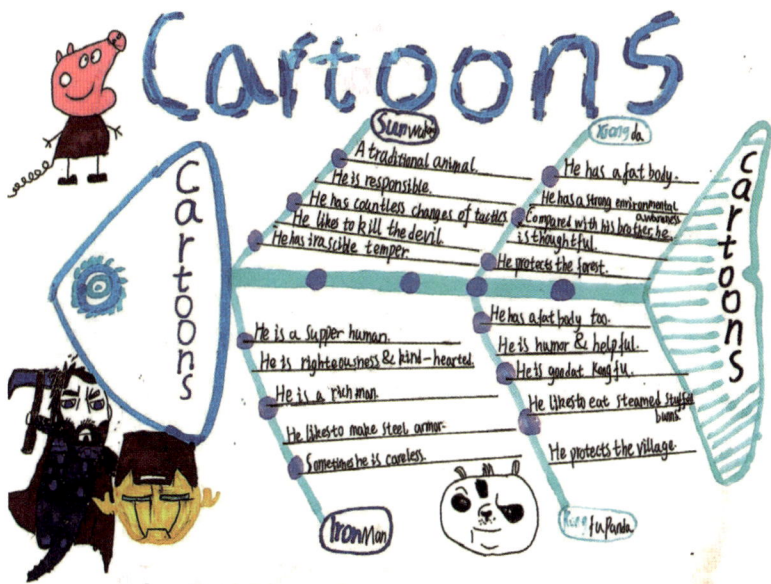

图 2 学生作品

B. 维恩图，也叫文氏图，由英国的逻辑学家维恩提出，以一条封闭曲线直观地表示集合及其关系，是选择、分类和比较信息时常用的工具。它的作用是梳理学生的观察、比较结果，形成比较明确的概念，并显示这些概念的关系。学生可以选择两个自己认为最具代表性的中外卡通角色，将他们的特征进行全面的、对比性强的呈现，以帮助学生感受形象背后蕴含的不同文化和价值观的特质（见图4）。

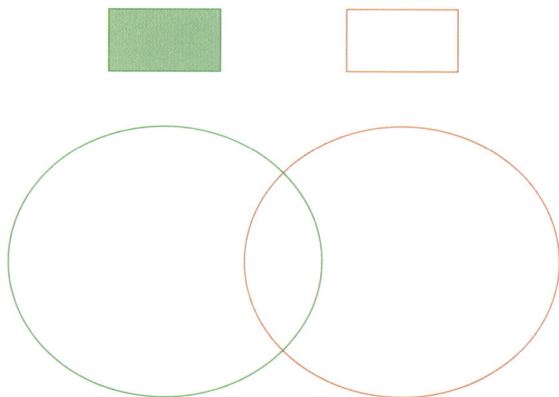

图 3 维恩图

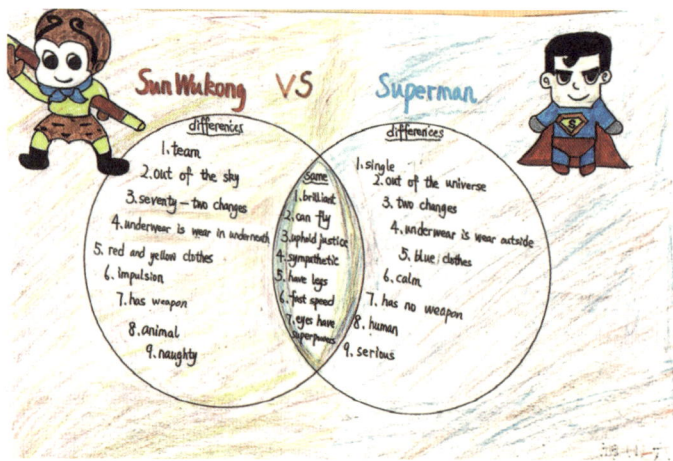

图 4 学生作品

学生间进行交流与展示，并用英语介绍自己发现的中外经典卡通形象的异同。

针对学生在互动中的参与情况和合作程度，让小组成员自评并互相评价各自活动表现，完成阶段活动评价量规（见阶段3评价量规：设计卡通评价量规）。

步骤二：创造季——设计自己喜爱的卡通形象

1) 师生讨论，教师呈现几个学生喜爱的卡通形象，鼓励学生观察这些形象的特征及绘制特点。学生体会卡通形象特征与性格特征的关系。

2) 学生小组讨论，交流自己想设计绘制的卡通形象。

3) 学生独立绘制喜爱的卡通形象，教师给予必要的指导和帮助。

4) 围绕自己设计的卡通形象，学生设计编写一个有关该卡通形象的故事。

5) 学生在小组、全班介绍自己设计的卡通形象，讲述该卡通形象的故事。

6) 教师也可以组织学生将自己编写的故事通过短剧的方式进行排练，完成后在班级或学校以"原创作品展"的方式进行巡回展演。

(4) 参考语言

Where is she/he from?

She/He is from...

This is... He/She is... He/She can...

In the story, ...

I want to make... because...

六、活动评价

在学生积极参与各项学科实践活动时，评定和描述学生的参与过程与取得的成就是对活动设计及实践结果的有效监控。活动评价既要关注语用功能，更要注重学生的创新能力和实践能力培养，为学生个性及特色发展提供广阔空间。让学生在英语实践活动过程中不断体验进步与成功，认识自我，建立自信，促进学生综合语言运用能力的提高和综合素质的全面发展。

（一）评价方式

教师评价：教师就学生在活动中的各种行为表现，通过观察分析给予语言鼓励；对学生在活动中的参与情况、合作程度进行量规评价。

同伴评价：通过在不同主题下的各个活动，如主题屋评选、短剧奥斯卡评选等给予学生相互评价的机会。在整个实践活动过程中，同伴间合作互助，友好分享，通过人际交流的方式进行积极性评价。

小组互评：在小组合作完成任务的学习交流中，小组间相互鼓励，并完成互相评价。

（二）评价量规

（1）阶段1　认识卡通评价量规

学生对参观的主题屋进行评价。

Cartoon：_____

	I like it very much.	Just so so.	I don't like it.
Colour			
Appearance			
Decoration			
Story			
Others			

（2）阶段2　体验卡通评价量规

教师对学生参与活动的态度、表演情况进行评价。在最接近学生真实情况的一项画圈。3分为最好，1分表示在该方面还需努力。

1. 在观看、排演过程中积极、好动、充满好奇，乐于尝试。	3	2	1
2. 愿意与同学合作，主动参与表演。	3	2	1
3. 在表演的过程中放松自然，不紧张、不害羞。	3	2	1
4. 在表演过程中语言清晰、流畅，展示出角色特征。	3	2	1
5. 表演后愿意与同伴交流感受，发现需要改进的地方。	3	2	1

（3）阶段3　设计卡通评价量规

教师对于学生在活动中的参与情况，让小组成员自评并互相评价各自的活动表现。

	★★★	★★	★	评价	其他
卡通设计	我能够设计一个我喜爱的卡通形象，并能向同伴用英语进行介绍，做到语言丰富、表达流畅。	我能够设计一个我喜爱的卡通形象，并能向同伴用英语进行介绍，做到语言较为丰富，表达较为流畅。	我能够设计一个我喜爱的卡通形象，并能向同伴用简单的英语进行介绍。		
卡通故事创作	我能独立地用英语为我的卡通形象创作一个故事。故事内容生动、情节曲折。	我能独立地用英语为我的卡通形象创作一个故事。故事情节流畅、有趣。	我能独立地用英语为我的卡通形象创作一个故事。故事情节简单，需要再丰富。		

七、效果评价

【来自学生的话】

学生王：这个活动实在是太有趣了。尤其是能穿上自己喜爱的卡通服装，还说着原版电影的英语,简直太酷了。我希望能多组织这样的活动,这样我就有更多的机会将自己喜爱的卡通展示出来了!

学生李:我的梦想是将来能设计出像蜘蛛侠一样的英雄形象,我以为得等到很多年以后,没想到这个活动让我梦想成真。我相信,由我亲自设计的卡通一定会走向世界!

学生赵:其实我是一个内向的女孩,从来不善于主动跟别人交流。但是当我看到自己喜爱的卡通人物活生生地站在舞台上跟我对话的时候,我迫不及待地想去应答。我想说他说过的话,做他做过的事儿,这一切在戏剧的舞台上不再奇怪,我爱戏剧!

【来自教师的话】

张老师:从观察学生的参与度来讲,本次活动很好地调动了学生的积极性。学生对卡通主题充满兴趣与好奇,在完成各项任务的同时体会活动带来的乐趣以及和同伴分享的乐趣。逐步揭开卡通神秘面纱的时刻,又激发了学生继续探究的主动性,本次实践活动效果很好。

穆老师:通过本次实践活动,学生了解了有关卡通的相关知识;通过角色扮演体验了卡通形象的个性特征;通过设计卡通形象,创编故事,赋予了自己设计的卡通形象以生命。整个任务布置环环相扣,难度逐级攀升,激发学生主动学习的同时启发了学生思维,发展了学生的想象力和创新实践能力,实现了基于英语语言能力发展的核心素养的全面提升。

孙老师:活动热闹,场面精彩。活动围绕学生感兴趣的话题展开,使学生积极参与,勇于挑战。通过设计自己喜爱的卡通形象,为学生搭建了展示自我,表达自我的平台。

案例八

了解纸的故事　低碳生活我先行

课程设计：王朝、闫赤兵
适用年级：五、六年级

一、主题意义

　　纸是人类文明和文化得以记载、积累、传播和发展的重要媒介。纸在人类发展历史中起着极为重要的作用，是当今人类生活中不可缺少的物质。作为中国历史上的四大发明之一，我们的学生对纸应该有更多认识，了解纸的历史，发现纸在日常生活中的重要作用，更应懂得珍惜、节约用纸，保护我们的自然环境。

点 评

　　为了保护森林资源，维持生态系统的平衡，保护我们赖以生存的地球环境，我们应该从节约纸张做起。

　　学校是育人场所，纸张使用量较大。如果学生能够意识到节约用纸的重要性，并能付诸行动，一个学生就可以带动一个家庭，一个家庭可以带动一个社区，从而推动全社会节约用纸。

　　此实践活动的设计，基于中国学生发展核心素养的育人目标，将学生语言学习、健康生活、责任担当与实践创新相结合，落实学科育人目标。教师引导学生调查、统计日常学习生活中的用纸量，发现纸的重要性以及过度用纸对自然环境造成的影响；引导学生通过英语阅读，了解中国的四大发明之一：造纸术，在发展语言能力的同时激发学生的民族自豪感；通过探讨节约用纸、环保生活的具体策略，创造性地对废弃纸制品进行再利用，并向身边的人提出环保生活的倡议，有效发展学生问题解决和实践创新能力，提升学生环境保护的责任意识，增强勇于承担社会责任的公民意识。

二、设计背景

教育部于 2014 年印发的《关于全面深化课程改革 落实立德树人根本任务的意见》指出课程改革的工作目标是："高举中国特色社会主义伟大旗帜，推动社会主义核心价值观进教材、进课堂、进头脑，着力培养学生高尚的道德情操、扎实的科学文化素质、健康的身心、良好的审美情趣，努力使学生具有中华文化底蕴、中国特色社会主义共同理想、国际视野，成为社会主义合格建设者和可靠接班人。"为了更好地实现这一目标，凸显英语课程工具性和人文性并重的特性，英语教师应力求通过丰富多彩的学科实践活动课程，丰富学生的生活经历，拓展学生的知识领域，增强爱国主义精神，为学生的终身发展奠定基础。

在科技高速发展的今天，纸张仍然和我们的日常生活息息相关。对于小学生而言，纸更是学习、生活必不可少的用品。但他们不一定真的了解纸，比如纸的由来及发展历史、纸的特征以及再利用等，这些都是可以通过实践活动进行学习和探索的领域。从学生日常生活出发，关注社会大问题，不仅引领学生了解中国文化，也激发了学生的社会参与意识和保护自然环境的责任担当。学生在实践、探索中自然习得语言，深入思考，团结协作，解决问题。通过让学生寻找生活中的纸，探索纸的形成，尝试动手制作纸，收集节约用纸的方法，引导学生去发现、去探索、去实践，为学生打开认识世界的一扇窗。

三、课程目标

（一）介绍纸的用途，体会纸在日常生活中的重要性。

（二）通过小组调查，发现班级一周的用纸量，体会纸的消耗过大对自然环境的影响。

（三）能阅读相关资源，初步了解纸的由来及纸对人类发展的推动作用，增强民族自豪感。

（四）体验、尝试制作纸的过程，能用英语简单介绍纸的制作方法。

（五）能够将废弃纸制品进行旧物改造创意设计，并用英语进行介绍和描述。

（六）能查找有关节约用纸的方法，和其他人进行分享，倡议周围人养成节约用纸的生活习惯。

（七）能积极参与实践活动，提高发现问题、解决问题的能力，主动参与小组活动，与他人合作完成学习任务。

四、整体规划

1. 纸与我们的生活
调查研究，认识纸在人们日常生活中的用途与作用，发现纸的消耗过大会对自然环境造成影响。

→

2. 了解纸的历史
了解纸的历史与发展，体验纸的制作过程；知晓造纸术是中国四大发明之一，树立民族自豪感。

→

3. 节约用纸 保护环境
学习节约用纸与纸的再利用的方法,倡议、宣传减少用纸，保护自然环境。

五、实施过程

（一）阶段1　纸与我们的生活

（1）**实施目标**

① 能与同伴交流、表达纸在日常生活中的用途。

② 能与同伴共同完成班级、年级及全校一天大致用纸量的调查和统计，并将统计结果向他人介绍，了解过量用纸对环境造成的影响。

（2）实施流程

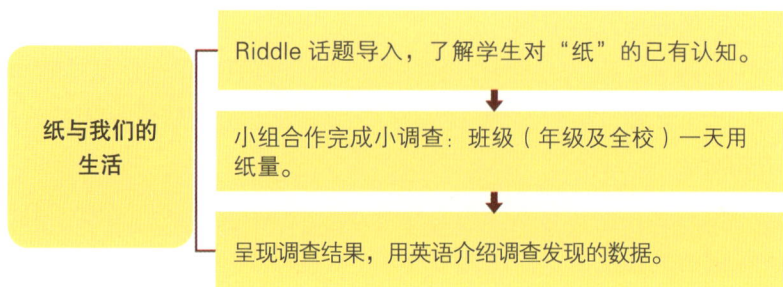

（3）实施建议

① 师生准备

教师与学生分别收集纸及纸制品在生活中的应用图片。

② 具体操作

1）话题导入

T: Today we are going to learn about a new topic. Guess, what is it? We use it every day. It is colourful. Some is white. Some is yellow. It is very useful. People can use it to make books, newspaper, boxes and so on. We often write and draw on it.

教师呈现谜底：paper（纸）。

2）师生讨论纸及纸制品在生活中的应用

教师引导学生观察教室里的各种陈设和设施，看看哪里用到了纸。例如：教室里张贴的各种专栏、奖状、作业、教学挂图等都用到了纸。

再想想生活中人们用纸来做什么？生活中纸可以用来印刷、包装、制成艺术品、清洁、写字或绘画，学生通过讨论体会纸的用途之广，认识纸在人们日常生活中所起的重要作用，意识到纸是我们的朋友，人们的工作和生活离不开纸。

3）教师指导学生开展小组调查，完成班级、年级及全校一天用纸量的统计。

根据当天的课程表，以学习用纸为例，算一算全班 40 个学生一天的用纸量。教师出示统计表，请学生以组为单位进行统计，最后全班汇总数据，完成《班级一日用纸量统计》（见表1）。

基于调查统计的数据，教师请学生计算出一个年级、一所学校的一日用纸量、一周用纸量、一月用纸量、一年用纸量。假设一个班级一日用纸量240张，一个年级6个班就是1440张，一所学校一日用纸量为8640张。

计算完后，教师引导学生交流感受：尽管我们一个人用纸数量有限，但是日积月累，每天、每月、每年的用纸量就很大了。即使在造纸技术非常发达的今天，造纸的主要原料仍然是大量的木材。如果大量砍伐树木，人类赖以生存的自然环境就会受到影响甚至破坏。

表1　班级一日用纸量统计　　　　　　　　　　　　单位：张

课程	用途	1组	2组	3组	4组	全班
语文	作文本					
	作业本					
数学	作业本					
	草稿纸					
英语	作业本					
美术	绘画本					
其他学科	作业本					

4）此环节完成后，教师组织学生对此环节的参与情况、学习效果进行评价（见阶段1评价量规）。

（4）参考语言

I think paper is useful. We can't live and learn without paper.

Look, we use paper to...

In... class, we use paper to...

In the classroom, ... is made of paper.

Every day, we use... pieces of paper.

（二）阶段2　了解纸的历史

（1）实施目标

① 能独立或与同伴合作，查找、筛选信息资源，了解纸的历史以及纸的发明对人类社会发展的贡献。

② 能读懂教师提供的有关纸的阅读资源，与同伴讨论主要内容和信息，用英语介绍文本的核心内容。

③ 能在了解纸的发展历史过程中，体会造纸术对中国乃至世界经济与文化的推动作用。

（2）实施流程

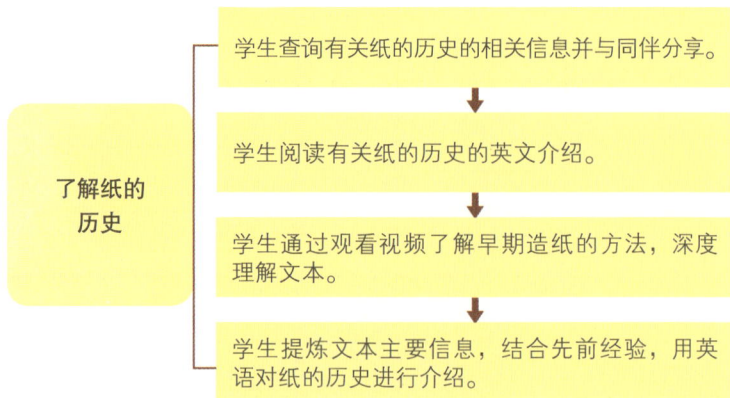

了解纸的历史

> 学生查询有关纸的历史的相关信息并与同伴分享。
>
> ↓
>
> 学生阅读有关纸的历史的英文介绍。
>
> ↓
>
> 学生通过观看视频了解早期造纸的方法，深度理解文本。
>
> ↓
>
> 学生提炼文本主要信息，结合先前经验，用英语对纸的历史进行介绍。

（3）实施建议

① 师生准备

教师准备：有关介绍纸的历史的视频和英文介绍。

学生准备：搜索有关纸的历史和相关知识的介绍，自主学习，梳理信息。

② 具体操作

1）师生交流，回忆、提取阶段 1 调查统计的结果，调动学生的学习经验，引发进一步学习的兴趣。

2）教师引导学生借助阅读材料和视频，学习、了解纸的发展过程以及纸的发明对人类社会的推动作用。

> 学生独立阅读文本 The History of Paper，进一步了解纸的历史以及纸的发明对人类社会发展的推动作用。

> 阅读过程中，思考下列问题，之后师生进行讨论：

-How did people keep information before paper was invented?

-How did Ts'ai Lun make paper?

-Besides writing, what else can people do with paper?

-How to do research on the history of paper?

-How did the invention of paper change the world?

> 教师播放介绍纸的由来及演变的视频。

> 条件允许的话，教师可以带领学生体验纸的制作方法。

> 小组合作，在教师的带领下用英文简单复述纸的发展历程。

阅读文本：

The History of Paper

Paper, a thin unwoven material made from milled plant fibres, is one of the greatest world's inventions. Paper is primarily used for writing, artwork, cleaning and packaging; it is commonly white.

The history of paper is a fascinating story. People were writing long before paper was invented. Mankind used a variety of materials, such as clay tablets, papyrus, animal skins, tree bark and other materials, to keep track of time, goods, and other information worth remembering.

Meanwhile, people had been trying to come up with something easier to write on than papyrus or clay tablets, and also something easier and cheaper to make.

But it took 3000 years to come up with paper! The first papermaking process was documented in China during the Eastern Han period (25—220 AD), traditionally attributed to the court official Ts'ai Lun.

Ts'ai Lun seems to have made his paper by mixing finely chopped mulberry bark（桑皮）and hemp rags（麻布）with water, mashing（捣碎，磨碎）it flat, and then pressing out the water and letting it dry in the sun.

And while the first uses of paper were as a wrapping for precious objects, it wasn't too long before people came to realise that it was better than writing on bamboo or silk. This caused an increase in demand and one could say this may have been the first sign of a new industry's birth.

3）上述活动完成后，教师组织学生对此环节的参与情况、学习效果进行评价（见阶段 2 评价量规）。

(4) **参考语言**

The history of paper is a... story.

Before paper was invented, people wrote on... to keep information worth remembering.

... invented the paper.

Ts'ai Lun seems to have made his paper by...

（三）阶段3　节约用纸 保护环境

（1）实施目标

① 能与同伴合作，调查人们通过何种方式有效减少了用纸量，能用英语进行简单汇报。

② 能独立或合作学习减少用纸量的日常做法和策略，以践行节约、环保的生活理念。

③ 能向周围的人推荐节约用纸的方法，倡导全社会成员共同减少用纸，保护环境。

（2）实施流程

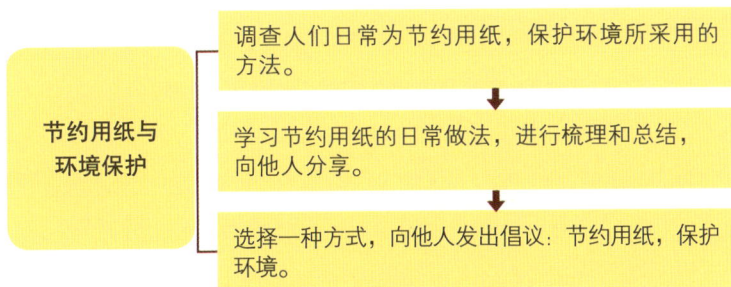

节约用纸与环境保护

> 调查人们日常为节约用纸，保护环境所采用的方法。

> 学习节约用纸的日常做法，进行梳理和总结，向他人分享。

> 选择一种方式，向他人发出倡议：节约用纸，保护环境。

（3）实施建议

① 师生准备

教师准备：有关节约用纸的相关做法的图片、文字材料和视频资源。

学生准备：学习、了解人们为节约用纸所采用的方法；各种废旧纸张、纸盒等物品和彩笔、剪刀、胶水等制作工具。

② 具体操作

1）师生交流，发现、了解人们为节约用纸所做的努力。如：

➤ 乘坐公交车、火车和飞机可以不使用纸质车票或机票，使用电子车票或出示身份证即可。

➤ 人们将废弃的纸张或纸制品进行旧物改造。

➤ 节日期间，尽量不用纸质明信片和贺卡，通过社交软件、电话或电子邮件表达祝福。

➤ 减少使用一次性碗、盘和纸杯等。

➤ 将使用过一面的废纸订成本子，做草稿纸，记录作业用。

➤ 双面都用过的纸可以用来练习书法或制作手工艺品。

➤ 不在纸上随便涂画，一张纸写满再继续翻面使用。

2）"我是环保达人"问题秀

教师呈现下面有关节约用纸的问题，师生讨论，学生选择自己使用的方法，并尝试说明理由，将环保理念落实到具体的日常生活中。

Kids Go Green—Which Way Do You Prefer?

1. You want to drink water at home. Do you:

A. use a paper cup and then throw it away?

B. use a plastic or a glass cup which you can use again and again?

C. use a paper cup and recycle the paper cup?

2. You have a lot of things to carry. Do you:

A. use the school bag which you use every day?

B. use a paper carrier bag which you'll use today and then throw away?

C. use the same carrier bag that you used yesterday?

3. In English class, your class is given a worksheet to do. The teacher gives you one sheet each and it's only printed on one side. Do you:

A. suggest that the teacher print it on both sides?

B. put the sheet in the recycling box when you've finished with it?

C. keep your mouth shut and get on with the work?

4. In your Chinese lesson you have to write a story. You make a mistake in the first sentence. Do you:

    A. throw the paper in the bin and get a new piece?

    B. put the paper in the box from which paper is taken recycling?

    C. rub out the mistake and continue to write?

5. You usually take a packed lunch to school. Do you bring:

    A. a resealable (可重新密封的) plastic box with no other wrapping inside it?

    B. sandwiches and cakes from the supermarket, individually wrapped with paper?

    C. aluminium (铝的) foil (箔) which can be used again the next day?

6. You notice that your school is having a delivery of new paper. Do you:

    A. check that everyone in your school is using paper on both sides?

    B. suggest ways that your school could use less paper?

    C. think it's none of your business and say nothing?

3）变废为宝创意设计

教师引导学生独立或小组合作，将废弃纸张、纸盒进行旧物改造，创造新的价值。

➤ 呈现主题，布置任务。

➤ 教师提供一些变废为宝作品的图片，为学生的创作提供参考和选择。

➤ 学生独立或合作完成变废为宝纸工作品（该作品不一定完全借助废弃纸完成，必要的话也可以扩展到其他废弃物的利用）。

➤ 变废为宝纸工作品创意秀，学生用英文简单介绍自己设计的作品、制作方法及功能等。

4）独立或与同伴合作，选择一种喜欢的方式，向他人宣传节约用纸的重要性，养成勤俭节约的生活习惯；倡导人人践行环保理念，爱护自然，保护环境。

5）上述活动完成后，教师组织学生对此环节的参与情况、学习效果进行评价（见阶段 3 评价量规）。

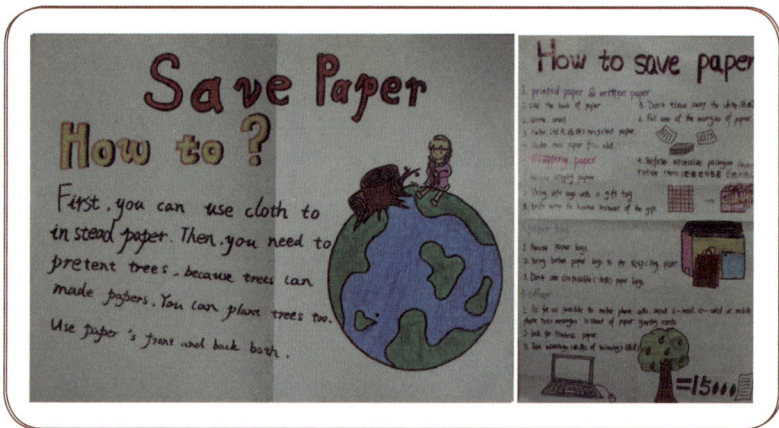

图 1 学生节纸宣传海报

（4）**参考语言**

What do you want to make?

How do you make it?

First, I draw a... on a piece of... paper.

Next, colour it.

Then, I stick it on...

Finally, put it...

What do you think of my work? Is it beautiful, useful or interesting?

六、活动评价

阶段1 评价量规

阶段1 纸与我们的生活 学生自主评价量表
请圈出符合你情况的选项，完成自我评价。 1. 你是否喜欢今天的教学主题？ 　 A. 喜欢　　 B. 一般　　 C. 不喜欢 2. 在小组调查任务中，你的参与情况： 　 A. 参与并完成了 ＿＿＿＿＿＿＿＿ 任务。 　 B. 参与，在同伴的帮助下完成了 ＿＿＿＿＿＿＿＿ 任务。 　 C. 基本没参与。 3. 小组调查完成后，我 ＿＿＿＿＿＿＿＿ 。 　 A. 能够用英语介绍小组调查的结果 　 B. 能够在同伴的帮助下介绍小组调查的结果 　 C. 基本不能用英语介绍小组调查的结果

阶段2 评价量规

阶段2 了解纸的历史
1. 对本节课的阅读文本 The History of Paper，我能够 ＿＿＿＿＿＿＿＿ 。 　 A. 理解全部内容，并能用英语进行简单的介绍 　 B. 理解大部分内容，并能与同伴合作用英语进行简单的介绍 　 C. 理解较少的内容，知道部分词句的意思

（待续）

（续表）

阶段 2 了解纸的历史

2. 请按照造纸的先后顺序为下列描述排序。

Soak（浸泡）the paper in warm water for 4–6 hours. （　　）	Immerse（浸入）the screened frame（纸浆框）in the pulp（纸浆）mixture. Lift up the screen. （　　）	Blend（搅拌）the pulp with water. Pour the blended slurry（混合后纸浆）into the pan. （　　）
Tear the paper into 2 in (5.1 cm) wide strips（条状）. （　　）	Blend the paper for at least 30 seconds to turn it into pulp. （　　）	Set the paper out to dry（烘干）overnight. （　　）

阶段 3　评价量规

阶段 3 节约用纸 保护环境					
请根据自己的学习情况，对自己在这一阶段的学习效果和活动表现进行自我评价。"5"为情况最符合，"1"为情况最不符合。					
我能够发现人们为节约用纸所做的努力。	1	2	3	4	5
我能把我的调查发现与同伴分享。	1	2	3	4	5
我能在日常生活中做到节约用纸。	1	2	3	4	5
我能向身边的人倡议节约用纸，保护自然环境。	1	2	3	4	5
我能利用废弃纸张和纸制品进行旧物改造创意设计。	1	2	3	4	5
我能用英语向同伴介绍我的旧物改造作品。	1	2	3	4	5
我掌握了一些节约用纸的方法和策略。	1	2	3	4	5
我一定会在生活中努力践行环保生活理念。	1	2	3	4	5

七、效果评价

【来自学生的话】

学生张：我原来没有关注过纸，没想到纸的制作这么复杂。我意识到节约用纸就是节约我们的树木，保护我们的森林资源。我还知道了节约用纸的方法，我会把用过的纸放在回收垃圾桶里，也会提醒爸爸、妈妈使用双面打印纸。

学生李：我最喜欢的是制作再生纸，我可以将用过的打印纸、报纸、杂志等泡制成纸浆，然后经过纸膜的压塌、烘干。我可以亲手完成纸的制作，我觉得很有趣，比听老师讲直接、生动。我希望老师多组织这样的活动。

学生于：作为中国人我很自豪造纸术是我们中国的蔡伦发明的，现在我们每天都离不开纸，都应该感谢古人的聪明才智。我们现在更应该爱惜纸，节约用纸。我相信有一天我们能用电子产品代替纸，比如说电子课本、电子纸、电子试卷，这样我们就可以节约更多的自然资源。

【来自教师的话】

李楠老师："了解纸的故事"实践活动，为我们呈现了不一样的课堂，多种学科的融合，课程的整合，开拓了学生的视野，培养了学生与他人合作的能力，让学生体验到了学习的乐趣。在这个过程中，学生学习了纸的历史，了解了纸的现状，畅想了纸的未来，激发了学生的民族自豪感。看到张贴在校园里的海报，我们真正地感受到走出课堂后，学生带给我们的惊喜。

王老师：通过这一活动，不仅使学生了解了许多有关纸的知识，也使他们能够在现实生活中发现问题，从小建立良好的社会责任感，让学生有使命感，为学生的终身发展奠定基础。在活动中，教师采用的都是启发性活动，学生积极参与讨论，在小组合作过程中完成不同的学习任务，使学生的动手操作能力、自主学习能力和团结协作能力得到了很好的锻炼。在探究和实践中，学生的环保意识得到了增强，养成了从自己做起，从小事做起，爱护环境的好习惯。

案例九

看美景、赏文化、说历史——做颐和园小导游

课程设计：李润利、闫赤兵
适用年级：五、六年级

一、主题意义

《义务教育英语课程标准（2011 年版）》中指出："义务教育阶段的英语课程具有工具性和人文性双重性质。就工具性而言，英语课程承担着培养学生基本英语素养和发展学生思维能力的任务，即学生通过英语课程掌握基本的英语语言知识，发展基本的英语听、说、读、写技能，初步形成用英语与他人交流的能力，进一步促进思维能力的发展，为今后继续学习英语和用英语学习其他相关科学文化知识奠定基础。就人文性而言，英语课程承担着提高学生综合人文素养的任务，即学生通过英语课程能够开阔视野，丰富生活经历，形成跨文化意识，增强爱国主义精神，发展创新能力，形成良好的品格和正确的人生观与价值观。"同时为贯彻《国家中长期教育改革和发展规划纲要（2010—2020 年）》精神和《北京市实施教育部 < 义务教育课程设置实验方案 > 的课程计划（修订）》等文件的要求，海淀区西苑小学以颐和园为实践基地开展"做英语小导游"实践活动。通过该活动实现校内外课程资源的整合，落实英语课程教学的要求，实现英语学科的育人目标。

二、设计背景

（一）优越的地理位置为学科实践活动的开展提供了保障条件

西苑小学地处颐和园附近，学生步行 10 分钟即可到达颐和园，优越的地理位置为学科实践活动的开展提供了便利条件。颐和园是中国现存规模最大、保存最完整的皇家园林，被誉为皇家园林博物馆。颐和园里蕴含了丰富的历史和文化知识，是天然的学习资源库。

（二）西苑小导游志愿服务品牌为学科实践活动的开展打下了基础

西苑小学与颐和园有着良好的合作基础，自 2007 年起开展颐和园小导游的志愿活动以来，经过积极开发和组织实施，逐步形成了具有特色的西苑小导游的志愿服务品牌。每周学校都会组织学生进入颐和园进行导游服务活动，并且在这些方面也积累了丰富的经验。这些经验为学校进一步开展活动打下了良好的实践基础。

（三）颐和园的资源和环境为学生提供了英语学习和语言沟通的机会

颐和园被联合国教科文组织列为世界文化遗产，每年都会有成千上万的国内外游客来参观游览。所以颐和园里的一景一物、一草一木都有中英文双语介绍，每一个景点的英文介绍都是很好的语言学习资料。这些资源能够开阔学生眼界，扩充知识储备，丰富英语语言学习经历。

颐和园每年汇集很多的国外游客，学生有更多机会面对面与外国朋友交流，为英语语言实践提供了最佳的环境。做导游的过程为学生提供了在真实情境中运用语言的机会、与国外友人交流和沟通的机会，开阔了学生视野，有助于学生跨文化意识的形成，增强学生爱国主义精神。

（四）英语学科实践活动能够弥补英语课堂教学的不足

现实中，小学生英语学习更多来源于书本和课堂，缺少实践活动中的学习，而单纯的课堂书本知识学习很难实现英语课程的各项要求。所以，有必要通过英语学科实践活动来弥补英语课堂学习中的不足。颐和园小导游实践活动为学生提供了更加广阔和较为复杂的社会实践环境，在这里学生除了能够接触到真实语言交流的环境，还可以接触到校园里接触不到的复杂事件和社会环境，为学生提供了丰富的生活经历和实践经验，弥补了课堂教学存在的不足。

三、课程目标

（一）学习、了解颐和园的历史文化，感受祖国历史文化的博大精深，增强爱国主义情感和民族自豪感。

（二）撰写和修改导游词，发展自主学习的能力。

（三）完成"做颐和园小导游"实践任务，提升英语综合语言运用能力。

（四）在与同伴合作完成实践任务的过程中，发展合作能力和解决现实问题的能力，形成社会责任感和服务意识。

四、整体规划

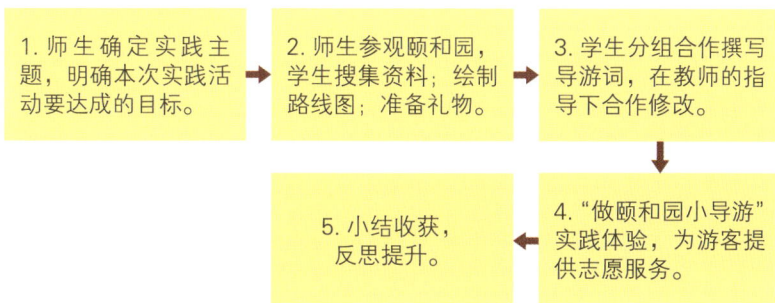

1. 师生确定实践主题，明确本次实践活动要达成的目标。

2. 师生参观颐和园，学生搜集资料；绘制路线图；准备礼物。

3. 学生分组合作撰写导游词，在教师的指导下合作修改。

4. "做颐和园小导游"实践体验，为游客提供志愿服务。

5. 小结收获，反思提升。

五、实施过程

（一）阶段1　明确活动主题和目标，做好主题实践活动准备

（1）实施目标

① 知晓本次实践活动的主题、目标和任务。

② 参观过程中，能够专心、有序、快速记录有关颐和园历史文化的相关信息。

③ 与同伴分享收集的信息和资料，独立完善、修正所收集的资料。

④ 撰写导游词的过程中，能够将收集的信息进行加工整理，提取主要信息，合作撰写导游词。

⑤ 绘制颐和园导游路线图或制作体现颐和园文化符号的书签。

（2）实施流程

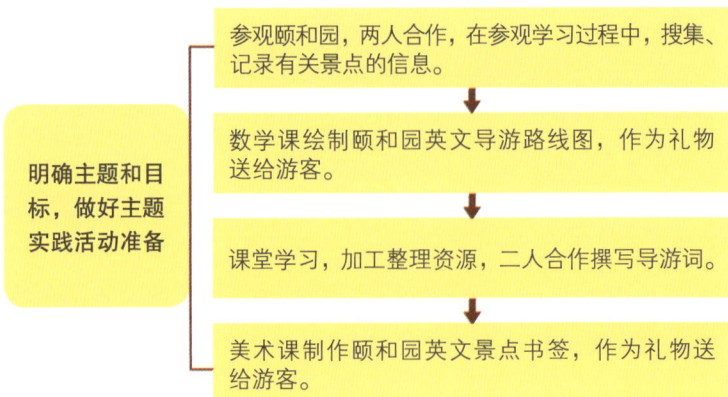

明确主题和目标，做好主题实践活动准备

参观颐和园，两人合作，在参观学习过程中，搜集、记录有关景点的信息。

数学课绘制颐和园英文导游路线图，作为礼物送给游客。

课堂学习，加工整理资源，二人合作撰写导游词。

美术课制作颐和园英文景点书签，作为礼物送给游客。

（3）实施建议

① 师生准备

教师准备：撰写实践活动方案和学生实践任务单；联系颐和园管理处，做好实践基地安排，聘请颐和园导游队的导游为英语实践活动的校外辅导员；与相关年级的数学、美术老师进行研讨，做好学科间的衔接与融合。

学生准备：上网查阅有关颐和园的中英文介绍。

② 具体操作

步骤一： 实地考察，收集资料。

教师向学生介绍本次实践活动的主题："看美景、赏文化、说历史——做颐和园小导游"。教师向学生介绍本次实践活动的目标和任务。

步骤二： 参观学习，记录信息。

教师带领学生走进颐和园，学生以小组为单位用相机、笔、手机等记录下各个景点的位置以及主要历史文化等信息的介绍，了解颐和园的历史文化。

教师引导学生借助网络资源查找有关颐和园景点的英文简介，

同时将颐和园提供的英文导游词发给学生阅读学习。

步骤三：撰写导游词，绘制游览图，制作书签纪念品。

教师课堂示范如何对收集的材料进行整理，引导学生从景点的名称、建造时间、主要人物、主要事件、建造意义、历史文化价值等几个层面思考，师生共同编写一个景点的导游词。

按照教师示范的方法，学生两人合作将收集的资源进行加工整理，合作撰写英文景点导游词（可以借助词典查阅相关词汇），教师根据学生的需求给予必要的指导。

数学课上，在数学教师的指导下，学生运用数学知识，绘制颐和园主要景点地图并标出景点名称、导游线路和英文提示等。制作游览图（见图1），在实地导游过程中赠送给有需求的游客。

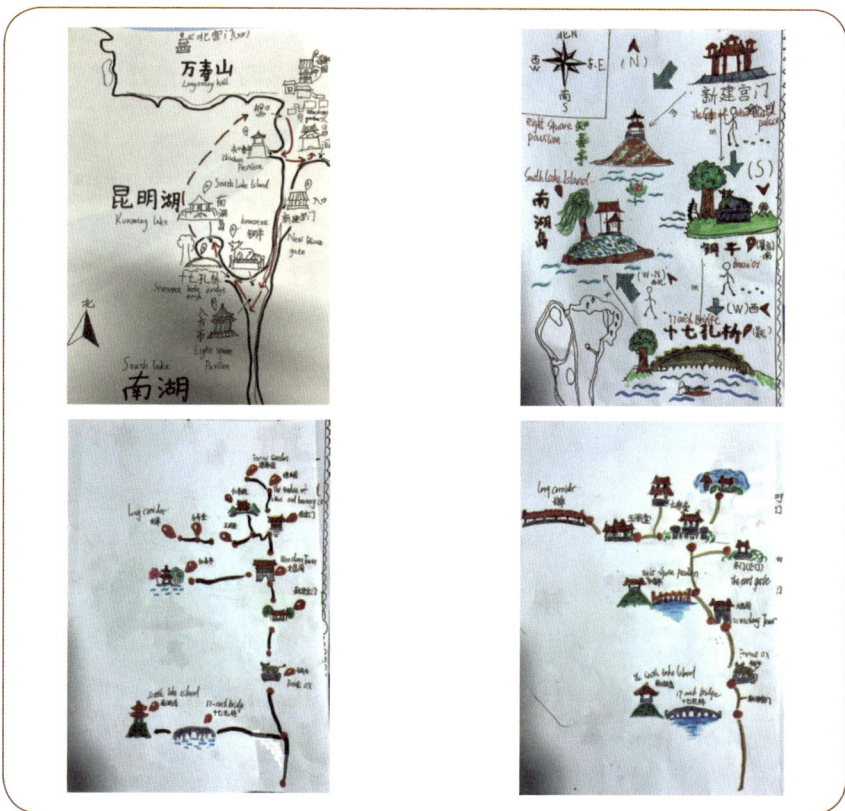

图 1 学生作品——颐和园游览图

美术课上，在美术教师的指导下制作体现颐和园文化符号的书签（见图 2），在后期导游实践时送给游客留作纪念。

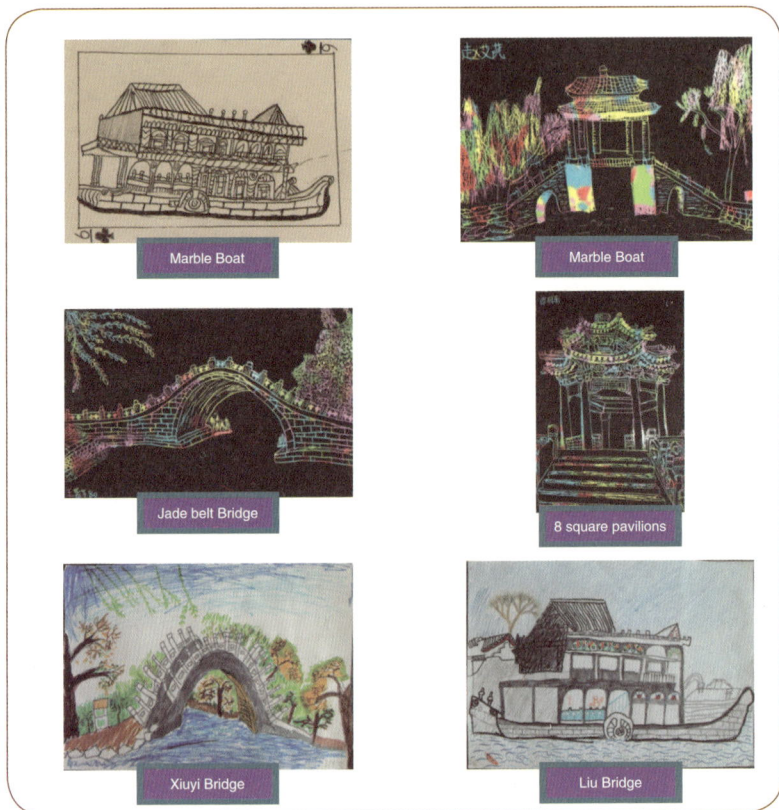

图 2 学生作品——书签

（4）参考语言

Look, this is the Tower of the Fragrance of the Buddha (Foxiang Ge). It was built during the reign of Emperor Qianlong and burned down in 1860. It was rebuilt during Emperor Guangxu's reign. It has three stories with four-layered eaves. It is 36.44 metres high. It is the centre of the Summer Palace. There is a statue of the thousand-handed Guanshiyin Buddha in it.

（二）阶段2　导游实践 小结反思

（1）实施目标

① 与同伴合作完成导游实践任务，能用简单的英文介绍颐和园内主要景点。

② 实地导游过程中，能够使用礼貌用语，文明导游，与中外游客友好交流。

③ 能够在实地导游过程中，为需要帮助的游客提供帮助。

④ 能够将制作的景点游览路线图和书签送给游客，传播中国文化。

⑤ 能够在实践过程中积极、主动地解决面临的困难和问题，提升问题解决能力和实践创新能力。

（2）实施流程

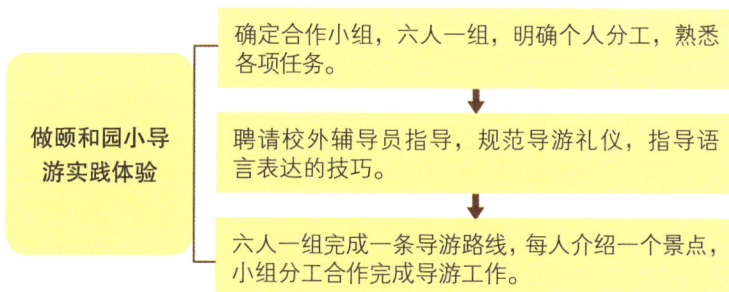

做颐和园小导游实践体验

- 确定合作小组，六人一组，明确个人分工，熟悉各项任务。
- 聘请校外辅导员指导，规范导游礼仪，指导语言表达的技巧。
- 六人一组完成一条导游路线，每人介绍一个景点，小组分工合作完成导游工作。

（3）实施建议

① 师生准备

教师准备：英语组长负责导游实践活动人员安排并撰写安全预案。英语教师负责学生分组，明确小组内分工。

学生准备：进一步熟悉导游词，明确自己的实践任务。

② 具体操作

步骤一：讲解演练，互动交流。

1）结合学生的英语水平以及所搜集景点介绍的内容，进行合理的组合与分工，确保每个小组都能够完成导游路线中所有景点的介绍。

2）学生两人一组，互助记忆导游词的内容，记忆过程中引导学生结合导游词的意思分层记忆。

3）聘请颐和园导游队辅导员结合学生的展示，针对语言表达、互动交流、导游礼仪和技巧等方面有针对性地指导。

4）教师组织学生在班级内进行练习，以小组为单位进行景点介绍，其他学生进行点评并提出建议。

5）模拟现场导游，以小组为单位进行展示，注重过程指导。辅导员进行阶段小结，确定下一阶段努力方向。

导游词范例 1：

Dear visitors,

I am a little tour guide of the Summer Palace. I am from Xiyuan Primary School. Now I would like to introduce the Summer Palace.

This is Seventeen-Arch Bridge. It was built in the 15th year of Emperor Qianlong's reign. It is 150 metres long and links the east bank and the South Lake Island. It is the longest bridge in Chinese imperial garden. It was named for its seventeen arches. There are more than 500 stone lions on both sides of the bridge. There are also four strange animals at both ends of the bridge. They are strong and powerful; they are the outstanding evidence of Qing stone carving.

That's all for my introduction. Thank you for listening and enjoy your trip.

步骤二： 导游实践，文化传播。

英语老师活动前做好安全预案，确保学生在活动中的安全。

学生集体步行到颐和园，到达活动地点后，小组按照事先规划好的路线开展活动，每人一个景点介绍，合作完成颐和园实地导游。

实地导游过程中，组内同学负责和外国游客交流沟通，邀请游客聆听自己组的景点介绍，组员互相提醒，文明、有序、自然地进行讲解，做到文明导游。同时聘请颐和园导游队两名校外辅导员进行跟踪指导。

每次讲解完，组内同学主动邀请游客留下建议和意见并赠送自己制作的印有学校 logo 的颐和园景点书签或是自制的游览图。

导游词范例 2：

Dear visitors,

I am a little tour guide of the Summer Palace. I am from Xiyuan Primary School. Now, I would like to introduce the Summer Palace.

This is Bronze Ox. It was cast in the 20th year of Emperor Qianlong's reign. It was also called the "Golden Ox". It looks like a real ox. It is said that the bronze ox was positioned here to keep the floods down. There are eighty words entitled "Inscriptions on the Golden Ox" on its back. It was written by Emperor Qianlong.

That's all for my introduction. Thank you for listening and have a good trip.

步骤三：活动小结。

1）教师引导学生梳理、反思自己在参与本次实践活动过程中的收获与进步。

2）教师引导学生回顾同伴在活动中给予自己的帮助和指导，体会团队合作的重要性。

3）全班一起评选本次实践活动"最佳导游词""最佳小导游团队""最有进步小导游"。

六、活动评价

（说明：✿ 表示效果一般。✿✿ 表示效果比较好。✿✿✿ 表示效果非常好。）

阶段 1　评价量规

评价项目	自我评价	教师评价	同伴评价	家长评价
清楚知晓本次实践活动的目标。				
对颐和园的历史文化很感兴趣，会主动上网查阅相关信息。				
了解了颐和园的建造历史和文化价值。				
能够利用搜集的资源，为喜欢的景点创编适合讲解的导游词。				
在创编导游词的过程中，能与同伴协商，合作完成任务。				

阶段 2　评价量规 –1

评价项目	自我评价	教师评价	同伴评价
愿意把自己知道的颐和园知识讲给别人听。			
用英语讲解，声音洪亮，自然流畅，能够吸引听者。			

（待续）

（续表）

评价项目	自我评价	教师评价	同伴评价
讲解时面带微笑，大方得体，能够积极与游客互动。			
主动使用文明用语和手势进行讲解。			
做小导游实践过程中，礼貌待人，友爱互助。			
遇到困难时，不放弃，能主动寻找解决问题的方法，坚持完成任务。			

阶段2　评价量规-2

评价项目	评价标准
最佳导游词	1.语言准确，表达自然流畅。 2.内容丰富、具体。
最佳小导游团队	1.能够积极主动进行景点讲解。 2.讲解流畅，配合默契。 3.能够与游客积极互动。
最有进步小导游	1.参与活动热情高。 2.主动练习，遇到困难主动请教。 3.讲解比以前流畅、自然。

七、效果评价

这项实践活动已经在我校实施，实施过程中得到学生和老师的一致认可，学生和老师的感受也是活动效果的最好见证。

【来自学生的话】

学生 1：去颐和园当英文小导游，使我受益匪浅。最明显的收获是自己变勇敢了。一开始当小导游的时候，我提心吊胆，生怕说错了，而现在我可以大大方方地给游客们讲解。通过参加颐和园小导游活动，不但锻炼了我的胆量，而且加深了我对颐和园历史与文化的了解。

学生 2：参加颐和园英语小导游以来，我变得更加有责任感了。不管是在炎热的夏天，还是寒冷的冬天，我会乐此不疲地坚持着。因为这项活动带给了我无限的快乐，也让我对英语交流越来越自信了。

学生 3：参加英语小导游实践活动，最初我很紧张，介绍得也结结巴巴。游客走了后，我会有些后悔，但是一次次的锻炼，使我变得越来越勇敢，收获的夸赞和鼓励也越来越多。

【来自教师的话】

教师 1：西苑小学英语小导游实践活动为学生英语学习提供了真实的语言交际平台。学生的英语学习不再只关注语言知识的获得，更加关注人的成长。参与这样的活动，也为英语老师提供了使用英语语言交际的途径，通过实践活动的研究，提升了老师的科研能力。学科实践活动促进了教师和学生共同成长。

教师 2：英语学科实践活动对学生英语学习帮助很大，通过导游实践活动，学生对英语学习的兴趣更浓了，有些学生能够结合自己的需求自觉查阅资料，主动学习，丰富自己的导游介绍。使"要我学"变成"我要学"。此外，导游实践活动提升了我个人的英语水平，在和学生一起整理、记忆导游词的过程中，丰富了个人的知识和文化内涵，参与实地导游的过程，同样提升了自己的语言交际能力。

这些感悟代表了众多孩子和老师的心声，英语学科实践活动真正助力了老师和学生共同成长，很好地落实了英语课程标准中的各项要求，践行了学科育人目标。

后　记

当今，我们正处于知识经济与信息时代，国家间政治、经济、文化往来日益频繁，国际竞争日趋激烈。全球教育领域正在兴起以素养为中心的教育改革，中国学生发展核心素养体系为 21 世纪中国应该培养什么样的人勾勒出了蓝图，各个学科所凝练的学科核心素养成为支撑这幅蓝图得以实现的重要组成部分。

在我国基础教育新课程体系中，学科实践活动课程是学校课程体系的重要组成部分。学科实践活动是基于学生的直接经验、紧密关联学生自身生活与社会生活、强调对学科知识运用的一门综合性、实践性课程。学科实践活动课程不是教学层面的一种活动方式，而是课程层面的一种具有独立形态的课程。它为师生共同开辟了面向自我、面向社会、面向自然的广阔时空。

本研究旨在围绕核心素养发展这一价值导向，以小学英语学科实践活动为切入点，对该课程的意义价值、设计与实施理念、内容设计、实施策略展开探寻，从"发现问题——分析原因——提出对策"的思路着手，不断地深入研究，形成了一些固化成果。

在推进学校课程改革的过程中，项目组从学校层面将基础课程与实践活动课程整体规划，带领教师从一个活动设计逐步过渡到系列课程设计并实施，从而实现课程育人目标。从自下而上到自上而下，经历了几年时间，目前区域内部分学校已形成各自比较成熟的课程体系，而学科实践活动课程也成为学校课程体系中的重要组成部分。

从教师发展的层面看，本研究有效促进教师对课程价值的理解与认知：从认为课程就是教材，转向课程是学科、社会、学生三方面需求的集中体现；从教师只是课程的实施者，转向教师既是实施者，又是课程的设计者与评价者；教师不能"教"实践活动，而要为学生创设一定的问题情境，营造良好的学习氛围，把充分的时间和空间留给学生。对于学科实践活动课程，教师由最初的回避到逐渐接纳、认可并主动实践。此外，教师还主动将学科实践活动课上采用的问题解决、小组讨论、实践创造、角色扮演、现状调查、作品制作等学习方法带到学科教学中。学科教学方式也有了明显的改善。从设计一节综合性学习活动发展到全面系统地开发一个单元主题课程，学校干部、教师在自发地创新学科实践活动课程的同时，更加注重课程本身的生长资源，用他们的实际行动不断践行学校的教育理念。当然，学科实践活动的研究也使教师们感受到了自身知识与能力结构的局限，促进了教师自觉学习，加强了教师合作交流，促进了教师专业发展。

从学生发展层面看，学科实践活动有效促进了学生在核心素养各方面的发展。学科实践活动注重学生在过程中发现了什么问题，学生是如何想方设法地解决问题的；注重学生在实践中获得的包括语言实践在内的一切积极体验，他们学会用自己的眼睛观察和思考世界，形成对自身、对社会、对自然的关切，建立与他人合作、分享、共进的和谐关系。学科实践活动以过程性评价和表现性评价来评价学生的学习收获，促进学生发展。评价的过程性、多元性，使教师看到了学生多彩的"另一面"，进一步拉近了师生间的距离，教师看到学生的无穷潜力，学会用发展和欣赏的眼光看学生。

在此，我要感谢在研究推进过程中，给予我鼓励、支持、指导和帮助的北京市海淀区教师进修学校的领导和同事们，是你们高站位、宽视角的引领使我认识到课程的建设与优化对学生成长、教师发展的意义与价值。本研究作为北京市海淀区教师进修学校"5（必修）+M（限选）+N（任选）"研修课程的"M"课程内容之一，通过教研员引领与骨干教师众筹式研究相结合的方式推进，解决课程改革向纵深推进过程中遇到的难点、热点问题。其成果通过"5（必修）"课程向全区教师推广、示范。教研工作目标与内容的转型萌生了从过去单一按次推进的教研活动转向系统的、点面结合的、基础性与创新性互通的教师研修课程设计，教研员的工作视角和研究领域也进一步拓宽。

我还要感谢团队的教师们，他们的智慧与探索精神一直鼓舞着我，使我克服了自身的局限，体验了研究、实践的全过程。此外，我要感谢参与实验的学生们，他们在参与实践活动中展现的浓厚兴趣、解决问题时的专注与投入以及他们开心的笑容让我体会到什么样的课程是学生真正喜欢的。最后，我要感谢我的家人和朋友们，是他们的包容、理解和鼓励让我有勇气一直坚持。

让课程成为儿童生命中的亮丽色彩！

参考文献

埃蒂纳·温格, 理查德·麦克德马, 威廉姆 M. 施奈德. 实践社团: 学习型组织知识管理指南 [M]. 边婧, 译. 北京: 机械工业出版社, 2003.

北京市教育委员会. 北京市实施教育部《义务教育课程设置实验方案》的课程计划 (修订)(京教基二〔2015〕12 号).

北京市教育委员会. 北京市中小学英语学科教学改进意见 (京教基二〔2014〕22 号).

布鲁纳. 教育过程 [M]. 邵瑞珍, 译. 北京: 文化教育出版社, 1982: 6, 27.

陈琦, 刘儒德. 当代教育心理学 [M]. 北京: 北京师范大学出版社, 2005.

褚宏启. 21 世纪学生核心素养及其培育 [EB/OL]. http://elt.i21st.cn /article/13059_1.html.

辞海编辑委员会. 辞海 [M]. 上海: 上海辞书出版社, 1979: 902.

崔允漷, 夏雪梅. 校本课程开发在中国 [J]. 北京大学教育评论, 2004(7).

崔允漷. 我国校本课程开发现状调研报告 [J]. 全球教育展望, 2002(5): 6-15.

崔允漷. 校本课程开发: 理论与实践 [M]. 北京: 教育科学出版社, 2007.

郭元祥, 伍香平. 综合实践活动课程的理念 [M]. 北京: 高等教育出版社, 2003.

郭元祥. 综合实践活动课程的管理与评价 [M]. 北京: 高等教育出版社, 2003.

国务院. 国务院关于基础教育改革与发展的决定. 国发〔2001〕21 号.

赫·斯宾塞. 外国教育名著丛书: 斯宾塞教育论著选 [M]. 胡毅, 王承绪, 译. 北京: 人民教育出版社, 2005: 1-6.

赫尔巴特. 外国教育名著丛书: 普通教育学 [M]. 李其龙, 译. 北京: 人民教育出版社, 2015.

霍华德·加德纳. 多元智能新视野 (纪念版)[M]. 沈致隆, 译. 杭州: 浙江人民出版社, 2017.

靳玉乐. 现代课程论 [M]. 重庆: 西南师范大学出版社, 1995: 250.

拉尔夫·泰勒. 课程与教学的基本原理: 英汉对照版 [M]. 罗康, 张阅, 译. 北京: 中国轻工业出版社, 2014.

李臣之. 普通高中综合实践活动课程目标与内容浅析 [J]. 教育科学研究, 2004(8).

李臣之. 校本课程开发 [M]. 北京: 北京师范大学出版社, 2015.

李臣之. 新课程改革研究丛书: 综合实践活动课程开发 [M]. 北京: 人民教育出版社, 2003.

李树培. 综合实践活动课程核心素养与评价探析 [J]. 全球教育展望, 2016(7).

林崇德. 21 世纪学生发展核心素养研究 [M]. 北京: 北京师范大学出版社, 2016: 1-8, 24-34.

刘克兰. 现代教学论 [M]. 重庆: 西南师范大学出版社, 1988: 124.

刘月霞，郭华．深度学习走向核心素养 [M]．北京：教育科学出版社，2018．

柳夕浪．从"素质"到"核心素养"——关于"培养什么样的人"的进一步追问 [J]．教育科学研究，2014（3）．

娄华英．跨界学习：学校课程变革的新取向 [M]．上海：华东师范大学出版社，2018．

麦克尼尔．课程导论 [M]．施良方，唐晓杰，罗明东等，译．沈阳：辽宁教育出版社，1990：417．

莫景祺．重申"促进学习的评价" [J]．基础教育课程，2019，11(上)．

潘洪建．综合实践活动课程的"整合"取向及其实施对策 [J]．教育与教学研究，2018，10．

乔伊·帕尔默．教育究竟是什么？100位思想家论教育 [M]．任钟印，诸惠芳，译．北京：北京大学出版社，2008：227．

让·皮亚杰．教育科学与儿童心理学 [M]．杜一雄，钱心婷，译．北京：教育科学出版社，2018．

上海市教育委员会教学研究室．学校课程计划编制与实践指南 [M]．上海：华东师范大学出版社，2013．

时长江，刘彦朝．课堂"学习共同体"教学模式的探索 [J]．教育研究，2013，06．

万伟．课程的力量——学校课程规划、设计与实施 [M]．上海：华东师范大学出版社，2017：15-20．

王策三．教学论稿 [M]．北京：人民教育出版社，1985：174．

王荔．小学英语活动课程设计与实施研究 [D]．中国知网，2009，03．

王蔷，敖娜仁图雅．中小学外语阅读素养的构成及其教学启示 [J]．中国外语教育（季刊），2015(2)．

威廉 F．派纳，威廉 M．雷诺兹，帕特里克·斯莱特里等．世界课程教学新理论文库：理解课程上、下 [M]．钟启泉，张华主编．北京：教育科学出版社，2003，02．

习近平：决胜全面建成小康社会 夺取新时代中国特色社会主义伟大胜利——在中国共产党第十九次全国代表大会的报告 [EB/OL]．（2017-10-27）http://www.gov.cn/huigu.htm.

夏雪梅．项目化学习设计：学习素养视角下的国际与本土实践 [M]．北京：教育科学出版社，2018，11．

小威廉 E．多尔．后现代课程观 [M]．王红宇，译．北京：教育科学出版社，2015，01．

辛涛，姜宇．以社会主义核心价值观为中心构建我国学生核心素养体系 [J]．人民教育，2015 (4)．

邢至晖，韩立芬．特色课程：机制与方略 [M]．上海：华东师范大学出版社，2013．

邢至晖，韩立芬．特色课程8问 [M]．上海：华东师范大学出版社，2013，04．

叶澜，吴亚萍．改革课堂教学与课堂教学评价改革——"新基础教育"课堂教学改革的理论与实践探索之三 [J]．教育研究，2003，08．

尹弘飚，靳玉乐．现象－诠释学课程理论及其对基础教育新课程的启示 [J]．外国教育研究，2002(12)：6-11．

约翰·杜威．外国教育名著丛书：我们怎样思维·经验与教育 [M]．王承绪，译．北京：人民教育出版社，2005．

约翰·富兰克林·博比特．世界教育思想文库：课程 [M]．刘幸，译．北京：教育科学出版社，2017．

张华．综合实践活动课程开发与案例研究 [M]．北京：高等教育出版社，2008．

郑刚．美国如何培养核心素养：走进美国校园与课堂 [M]．上海：华东师范大学出版社，2018，09．

中共中央国务院．国家中长期教育改革和发展规划纲要（2010—2020 年）．2010．

中国共产党第十八届中央委员会．中共中央关于全面深化改革 若干重大问题的决定 [EB/OL]．（2013-11-12）．http://cssn.cn/．

中华人民共和国教育部．关于全面深化课程改革 落实立德树人根本任务的意见．基教二〔2014〕4 号．

中华人民共和国教育部．基础教育课程改革纲要 (试行)．教基〔2001〕17 号．

中华人民共和国教育部．教育部关于推进中小学教育质量综合评价改革的意见．基教二〔2013〕2 号．

中华人民共和国教育部．普通高中英语课程标准（2017 年版）[S]．北京：北京师范大学出版社，2018．

中华人民共和国教育部．义务教育学校管理标准．教基〔2017〕9 号．

中华人民共和国教育部．义务教育英语课程标准（2011 年版）[S]．北京：北京师范大学出版社，2012．

钟启泉，安桂清．综合实践活动课程：实质、潜力与问题 [J]．北京大学教育评论，2003，07．

钟启泉，崔允漷，张华．为了中华民族的复兴 为了每位学生的发展：基础教育课程改革纲要（试行）解读 [M]．上海：华东师范大学出版社，2001：91．

钟启泉．核心素养的"核心"在哪里 [J]．中国教育报，2015，04．

钟启泉．基于核心素养的课程发展：挑战与课题 [J]．全球教育展望，2016(2)．

钟启泉．现代课程论（新版）[M]．上海：上海教育出版社，2003．

钟启泉．综合实践活动课程的设计与实施 [J]．教育发展研究，2007(2)．

JONES E A,VOORHEES R A.2002.Defining and Assessing Learning: Exploring Competency-Based Initiatives.Washington D.C.: [s.n.].